1878

8° m 3
2390 bis

L 37

LES ROIS
ET LES GOUVERNEMENTS
DE LA FRANCE

BIBLIOTHÈQUE NATIONALE
R.F.
IMPRIMÉS

DES NOMS ET DES DATES

LES ROIS ET LES GOUVERNEMENTS DE LA FRANCE

DE HUGUE CAPET A L'ANNÉE 1906

BIBLIOTHÈQUE NATIONALE R.F. IMPRIMÉS

PAR

ALFRED FRANKLIN

Administrateur de la bibliothèque Mazarine

Deuxième édition

ENTIÈREMENT REFONDUE

PARIS

H. WELTER, LIBRAIRE-ÉDITEUR

4, rue Bernard-Palissy.

1906

TABLE

PREFACE

Dans les tableaux joints à ce petit volume, je me suis efforcé d'exposer sous une forme très claire l'ordre suivant lequel nos maisons royales se sont succédé. On n'y trouve donc guère mentionnés que les personnages indispensables pour montrer comment chacune des dynasties s'est éteinte, et comment s'est établi le droit d'hérédité qui a appelé au trône la dynastie suivante.

La clarté ne pouvait être obtenue qu'à ce prix.

Mais il ne faut pas oublier que la généalogie de nos rois, leurs alliances et leur descendance, constituent une chronologie fort compliquée. Plusieurs d'entre eux ont épousé deux ou même trois femmes [1], et en

---

[1] Cinq d'entre eux ont eu trois femmes : Robert II, Louis VII, Philippe II, Charles IV et Louis XII. Onze ont eu deux femmes : Henri Ier, Louis VI, Philippe III, Louis X, Philippe VI, Jean II, Louis XI, François Ier, Henri IV, Louis XIV et Napoléon Ier.

ont obtenu un grand nombre d'enfants [1], dont le rôle a été parfois considérable.

C'est ce squelette de notre histoire que j'ai entrepris de constituer ici. Un squelette a le défaut d'être un objet peu attrayant au premier abord. Pourtant, toute vague qu'est cette esquisse du corps humain, elle suffit à ceux qui possèdent quelques notions d'anatomie pour retrouver la forme et la place de chaque organe, la direction des artères et des veines, le jeu des muscles, les mille manifestations du système nerveux ; un léger effort de mémoire anime ce froid assemblage d'ossements, lui restitue le mouvement et la vie.

La voie à suivre était tout indiquée. En ce qui concerne les personnages célèbres ayant donné lieu à des recherches spéciales, j'ai toujours utilisé les monographies qui leur ont été consacrées. A l'égard des autres, j'ai consulté les recueils biographiques les les plus autorisés.

Mais il faut s'être livré à un travail de ce genre pour se faire une idée du désordre qui règne dans les dates, au moins jusqu'au seizième siècle, relativement aux membres secondaires de nos familles royales. L'étude comparative des chronologies publiées jus-

---

[1] Charles VII en a eu 13 ; Louis VIII et Charles VI, 12 ; Louis IX, 11 ; Henri II et Louis XV, 10 ; Jean II et Charles V, 9 ; Louis VI et Louis VII, 8 ; Philippe IV, Louis XI et François Ier, 7 ; etc., etc.

qu'ici révèle d'inextricables, parfois même de très comiques contradictions. Il n'est pas trop exceptionnel de voir une aimable princesse, née en 1200, avoir un fils en 1205, ou un prince insignifiant, né en 1328, se marier en 1329 et avoir un héritier en 1324. Ce sont là souvent des erreurs de rédaction, dont la science historique ne doit pas être rendue responsable ; mais celles qui résultent de ses incertitudes sont plus nombreuses encore, et j'ose dire que si l'on veut s'épargner bien des déceptions, le mieux est de considérer environ un quinzième des dates comme des à peu près. Des études approfondies sur chaque règne, semblables à celles que nous possédons sur Charles VII, par exemple [1], pourront seules permettre d'arriver à une précision relative [2].

---

[1] *Histoire de Charles VII*, par G. du Fresne de Beaucourt. 1881-91, 6 in-8°.

[2] Les renseignements généalogiques manquent parfois dans les meilleures monographies. Ainsi, on les chercherait vainement dans les belles études de M. Luchaire sur Louis VI (*Annales de la vie et du règne de Louis le Gros*, 1889, in-8°) ; de M. Léopold Delisle sur Philippe-Auguste (*Catalogue des actes de Philippe-Auguste*, 1856, in-8°) ; de M. Petit-Dutaillis sur Louis VIII (*Étude sur la vie et le règne de Louis VIII*, 1894, in-8°) ; de M. Ch.-V. Langlois sur Philippe III (*Le règne de Philippe le Hardi*, 1887, in-8°) ; de M. E. Boutaric sur Philippe IV (*La France sous Philippe le Bel*, 1861, in-8°) ; de M. Paul Lehugeur sur Philippe V (*Histoire de Philippe le Long*, 1897, in-8°), etc., etc. Dans son *Histoire de Blanche de Castille*, M. Élie Berger promet, sur les enfants de saint Louis, un travail qui n'a point encore paru.

Jusqu'ici, l'œuvre fondamentale en cette matière, c'est l'*Histoire généalogique* du P. Anselme [1], dont la dernière édition remonte à 1726. On n'a cessé, depuis lors, de la copier, chacun s'efforçant d'ailleurs de la perfectionner, et y apportant parfois un petit contingent d'erreurs nouvelles.

Si vous le voulez, prenons comme type le règne de Robert II, qui vient d'être l'objet d'une remarquable monographie [2]. Son auteur, M. Pfister, fait naître Robert en 970, M. Ferdinand Lot [3] se prononce pour 972, M. Havet [4] pour 974, et M. Henri Bordier [5] pour 991.

On est guère plus d'accord en ce qui touche les mariages de Robert.

---

1 *Histoire généalogique et chronologique de la Maison royale de France, des pairs, grands officiers de la Couronne et de la Maison du Roy, et des anciens barons du royaume. Avec les qualitez, l'origine, le progrès et les armes de leurs familles... Le tout dressé sur titres originaux, sur les registres des chartes du Roy, du Parlement, de la Chambre des comptes, du Châtelet de Paris, cartulaires, manuscrits de la bibliothèque du Roy et d'autres cabinets curieux. Par le* P. ANSELME [Pierre de Guibours, mort en 1694], *augustin déchaussé; continuée par M. du Fourny. Troisième édition, revue, corrigée et augmentée par les soins du* P. ANGE [François Raffard] *et du* P. SIMPLICIEN [Pierre Lucas], *augustins déchaussez*. Paris, 1726-1733, 9 vol. in-folio.

2 Ch. Pfister, *Études sur le règne de Robert le Pieux*, 1885, in-8°.

3 *Les derniers Carolingiens*, 1891, in-8°, p. 74.

4 *Lettres de Herbert*, p. 39.

5 Dans la *Nouvelle biographie générale*, t. XLII, p. 359.

Rozala, sa première femme, n'est pas mentionnée par M. Garnier[1]. Le P. Anselme la nomme Roselle, et *croit* qu'elle a été répudiée. Elle le fut certainement.

Berthe, seconde femme, fut répudiée en 998 d'après le P. Anselme et M. Garnier, en 1001 d'après M. Pfister.

Robert a encore eu une troisième femme, Constance d'Arles. Le P. Anselme ne peut indiquer la date de son mariage. M. Garnier la fixe à 998, M. Pfister vers 1003, et la *Nouvelle biographie générale* en 1006.

Enfin, le P. Anselme attribue à Robert six enfants, dont un n'a pas existé. M. Garnier en compte sept, dont, suivant M. Pfister, deux n'ont pas existé.

La mort de Robert a soulevé aussi de nombreuses controverses ; on les trouvera exposées dans le livre de M. Pfister[2].

Remarquez qu'ici je compare entre eux des ouvrages d'une réelle valeur. Il en existe bien d'autres qui fourniraient des résultats plus étranges encore s'ils étaient soumis à un pareil examen. Dès lors, on comprend pourquoi je n'ai pas eu le courage de m'aventurer dans les brumes où se perdent les

---

[1] *Tableaux généalogiques des souverains de la France et de ses grands feudataires*, par M. Édouard Garnier, archiviste aux Archives nationales, 1863, in-4°.

[2] Pages 81 et suiv.

temps antérieurs au règne de Hugue Capet. Toutefois, ce petit volume représentât-il le dernier mot de la science actuelle, il n'en renfermerait pas moins, comme je l'ai démontré, de nombreuses erreurs. Pour celles qui seraient imputables à l'auteur, il demandera volontiers qu'on les excuse, mais il souhaite surtout qu'on les corrige, et il remercie d'avance les personnes qui voudraient bien les lui signaler.

LES ROIS
ET LES GOUVERNEMENTS
DE LA FRANCE

DE HUGUE CAPET A L'ANNÉE 1906

BIBLIOTHÈQUE NATIONALE R. F. IMPRIMÉS

La chute de la dynastie carolingienne n'est pas une de ces révolutions qui semblent devenues inévitables. Hugue Capet [1] n'a dû la royauté ni à son habileté, ni à son courage, ni à un irrésistible mouvement d'opinion. Il a fallu pour qu'il parvînt au trône, que Lothaire mourût

---

[1] Ce nom, qui a personnifié le chef de la monarchie française pendant dix siècles, a été orthographié de bien des manières. On trouve : Hugo Capetus. — Capetius. — Cappatus. — Cappetus. — Capito. — Caputius. — Chapet. — Chapel. — Chapes. — Chaped. — Chapez. — Capes. — Caped. — Cappet. — Capest. — Capez. — Chapest. — Chapeth. — Kapet, etc., etc.

Son étymologie a aussi suscité de nombreuses controverses. Il faut noter d'abord que notre Hugue Capet n'est pas le premier qui ait porté ce surnom. Son père Hugue le Grand avait été ainsi désigné déjà. (Voy. F. Lot, *Études sur le règne de Hugues Capet*, p. 319.)

Suivant Ducange (au mot *Capetus*), Hugue enfant aimait à décoiffer les gens qui avaient la tête couverte d'un capuce. Le *Dictionnaire de Trévoux* reproduit ce passage, et ajoute : « aujourd'hui encore on appelle en Auvergne *chapets* ceux qui tourmentent les autres par jeu et en badinant. » (Édit. de 1771, t. II, p. 231).

Etienne Pasquier est d'un autre avis : « Hugues, pour le grand sens qu'il apporta en la conduite de ses affaires, fut appelé *Capet*, d'un mot demy latin, qui signifie le chef. Car aussi, à vray parler, vous trouverez en toutes ses actions plus de conseil que de

subitement, dans la force de l'âge [1]; qu'il eût pour successeur un adolescent mort lui-même sans postérité [2]; il a fallu surtout l'absence du duc Charles de Lorraine, fils de l'empereur Henri Ier et oncle du dernier roi. Un concours vraiment étrange de circonstances secondaires, compliquant cette situation, assura le triomphe de Hugue Capet et le plaça sur un trône qu'avait dédaigné son père.

Deux fois, Hugue le Grand n'aurait eu qu'à étendre le bras pour ceindre la couronne, deux fois il la donna à un autre. Il préféra agrandir ses domaines, les fortifier, en assurer la possession à ses enfants, comme s'il eût pressenti l'avenir qui allait s'ouvrir devant eux. Habilement encore, il leur choisit pour mère la fille du puissant roi de Germanie.

---

hauts faits d'armes ». (*Recherches sur la France*, édit. de 1723, t. I, p. 843).

Parmi les historiens modernes, Capefigue croit que Hugue dut ce surnom à « sa grosse tête, qui faisait l'admiration des clercs et des physiciens. » (*Histoire de France*, t. I, p. 315). Henri Martin pense, au contraire, qu'il fut ainsi appelé à cause de « son naturel opiniâtre et persévérant : Hugues l'entêté, de caput, tête ». (*Histoire de France*, t. II, p. 531).

L'opinion la plus vraisemblable est que Hugue, qui avait le titre de chanoine et d'abbé de plusieurs couvents, de Saint-Martin de Tours entre autres, se plaisait à porter la chape (*cappa*) à laquelle ce titre lui donnait droit. (F. Lot, *Les derniers carolingiens*, p. 321). Mais voy. aussi ses *Etudes sur le règne de Hugues Capet*, p. 317 et 318.

En 1719, encore, quand Nicolas Gervaise, prévôt de Saint-Martin de Tours, présenta à Louis XV son *Histoire de Boèce* (1715, in-12), il la lui offrit « comme à son roi, à son seigneur et à son abbé. » (Leber, *Pièces relatives à l'histoire de France*, t. IV, p. 555). — Ces mots ne figurent pas dans l'épître dédicatoire, car le volume est dédié à Louis XIV, qui mourut avant qu'on eût pu lui en faire hommage.

1 Né en 941, roi à treize ans, mort en 986, à quarante-cinq ans, sans postérité.

2 Louis V, dit *le Fainéant*, mort d'accident à vingt ans, le 21 ou le 22 mai 987.

Quand Hugue mourut, il était comte de Paris, duc de France [1] et de Bourgogne. Deux ans auparavant, Gerbert écrivait : « Lothaire ne gouverne la France que de nom, le roi de fait, c'est Hugue ». Son héritage fut partagé entre ses trois fils. Le plus jeune entra dans l'Église ; le second reçut la Bourgogne ; Hugue, l'aîné, eut le duché de France et le comté de Paris.

Ce personnage, assez insignifiant en somme, fournit à la France une succession de trente-sept rois, qui l'ont gouvernée pendant plus de dix siècles et dont la descendance n'est pas encore éteinte. Race fort médiocre, remarquable surtout par sa durée, et d'où ne sont sortis qu'un ou deux hommes de quelque valeur.

---

[1] Le royaume de France comprenait alors la *Francia*, la *Burgundia* et l'*Aquitania*, régies chacune par un duc relevant du roi.

L'opinion qui semble prévaloir aujourd'hui est que le mot *Francia* désignait, avec des limites fort vagues, et de nombreuses enclaves, le territoire compris entre la Meuse et la Loire. Peu à peu amoindri, il finit par devenir l'*Ile de France*.

Le premier duc de *Francia* dont l'histoire fasse mention est Robert le Fort. Son fils Robert, créé roi vers 922 (ROBERT Ier), fut père de Hugue le Grand qui eut pour fils le roi HUGUE CAPET.

M. Ferdinand Lot n'admet pas l'existence du duché de France. Pour lui, le *dux Francorum* « exerçait l'hégémonie, non seulement sur le pays entre Meuse et Loire, mais sur l'ensemble du royaume ».

On a aussi nommé *Austrasia* la région bourguignonne et *Neustria* le pays qui s'étendait entre la Seine et la Loire. Au delà de la Loire commençait l'Aquitaine.

Tableau n° 1.

SUCCESSION AU TRONE
de Hugue Capet à Louis IX

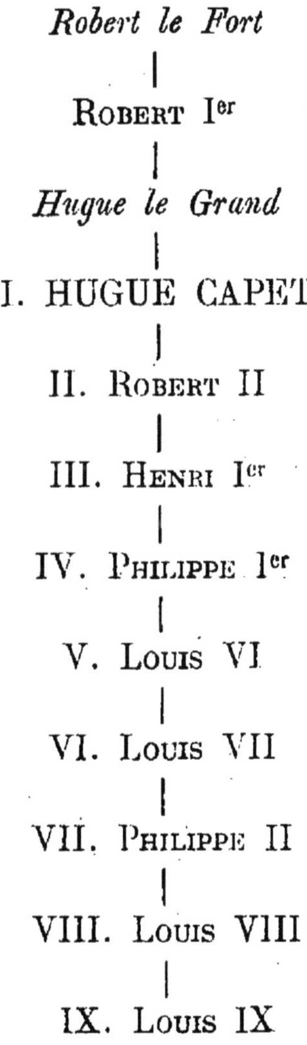

I

CAPÉTIENS DIRECTS

I. — HUGUE CAPET

Arrière-petit-fils de Robert le Fort, comte d'Anjou.

Fils de Hugue le Grand [1], comte de Paris, duc de France, et d'Hathuide [2], fille de Henri l'*Oiseleur* [3], roi de Germanie.

Né, très probablement à Paris, en 938 ou en 939.

D'abord comte de Paris et duc de France [4].

Élu [5] roi [6] à Noyon, le 1er juillet 987.

---

[1] A cette époque, le mot *Grand* ne constituait pas toujours une épithète louangeuse. Il s'appliquait souvent à la taille du personnage, et plus souvent encore indiquait sa qualité de chef de famille. Il paraît, en outre, avoir été le surnom héréditaire des princes de la maison Robertienne qui portaient le nom si répandu de Hugue. — Orderic Vital donne parfois à Hugue Capet le nom de Hugue le Grand. En outre, un fils de Robert II et un fils de Henri Ier, tous deux nommés Hugue, ont eu le même surnom.

[2] Dite aussi Hedwige, Adwige, Avoie et même Avoise.

[3] *Henricus Auceps.*

[4] Voy. ci-dessus.

[5] La royauté était alors à la fois héréditaire et élective. La cérémonie du sacre était toujours précédée d'une élection faite par les grands du royaume. Ce qui sauva cette monarchie, d'abord si précaire, c'est que, jusqu'à la mort de Louis X, c'est-à-dire pendant plus de trois cents ans, la dynastie capétienne, ne manqua pas une fois d'héritier mâle. Voy. ci-dessous, p. 33.

[6] « Les Normands ravageoient le royaume. Ils venoient par de petits bâtimens, entroient par l'embouchure des rivières, les remontoient et dévastoient le pays des deux côtés. Les villes d'Orléans et de Paris arrêtoient ces brigands, et ils ne pouvoient avancer ni sur la Seine ni sur la Loire. Hugues Capet, qui possédoit ces

Sacré, soit à Noyon soit à Reims, le 3 du même mois [1].

Mort, sans doute de la variole [2], dans un lieu inconnu [3], le 23, le 24 ou le 25 octobre 996, plus probablement le 24 [4].

Enterré à Saint-Denis, et non à Saint-Magloire, comme on l'a dit.

Femme :

ADELAÏDE [5] *d'Aquitaine*, dite aussi *de Poitiers* [6], descendante de Charlemagne, fille de Guillaume III dit Tête-d'étoupes [7], duc d'Aquitaine. — Mariée vers 970. — Morte vers 1004.

Enfants :

ROBERT II.

HATHUIDE ou HADWIGE. Mariée vers 996 avec Renier III, comte de Hainaut.

GISLE ou GISELLE [8]. Mariée avec Hugue Ier, seigneur d'Abbeville et comte de Ponthieu.

Enfant naturel :

GAUZLIN ou JOSSELIN [9], abbé de Saint-Benoît sur Loire, puis archevêque de Bourges, mort en 1030.

---

deux villes, tenoit dans ses mains les deux clefs des malheureux restes du royaume : on lui déféra la couronne, qu'il étoit seul en état de défendre ». Montesquieu, *Esprit des lois*, liv. XXXI, chap. 31.

1 On n'est pas d'accord sur ces deux dernières dates. Voy. J. Havet, dans la *Revue historique*, t. XLV (1891), p. 290.

2 « Papulis toto corpore confectus », dit Richer, *Historiarum libri IV*, lib. IV.

3 Peut-être à Paris.

4 Voy. F. Lot, *Études*, etc., p. 303.

5 *Adelaida, Adelais, Adalaixia, Adalax, Adeleis, Adhelais, Ale, Adela, Adelina, Aalipidis, Alypdis, Ælidis, Alix, Alis, Adlis, Adelis*, etc., etc.

6 Poitiers était alors, sinon la capitale, au moins la ville principale de l'Aquitaine.

7 *Guilelmus Caput stupæ.* Ainsi nommé, dit-on, à cause de la couleur de ses cheveux.

8 *Gisela, Gisla, Gisila*, etc.

9 *Gauzlinus, Gauzlenus, Goslinus*, etc.

II. — ROBERT[1] II

Dit *Auguste*, *le Pieux*, *le Pacifique*, *le Glorieux*, *le Père de la Patrie*, *le Hiérosolymitain*[2].

Fils de Hugue Capet et d'Adélaïde d'Aquitaine.

Né à Orléans entre 968 et 974[3].

D'abord duc de Bourgogne.

Associé au trône et sacré à Orléans[4] vers 987.

Roi entre le 23 et le 25 octobre 996.

Mort, d'une cause inconnue, en juillet 1031[5].

Enterré à Saint-Denis.

Femmes :

ROZALA, dite *Suzanne*[6], fille de Bérenger, roi d'Italie, veuve d'Arnoul II, dit le Jeune, comte de Flandre. — Mariée avec Robert vers 988. — Répudiée vers 992. — Morte le 7 février 1003.

BERTHE[7] *de Bourgogne*, fille de Conrad le Pacifique, duc de Bourgogne, et de Mathilde de France, fille de Louis IV. — Née vers 964. — Veuve, en 995, de Eude, comte de Chartres, Tours et Blois, à qui elle avait donné

---

[1] *Rodbertus*, *Rotbertus*, *Roddebertus*, etc.

[2] *Augustus*, *Pius*, *Pacificus*, *Gloriosus*, *Pater patriæ*, *Hierosolymitanus*. Ce dernier surnom eût mieux convenu à Louis VII.

[3] Voy. J. Havet.

[4] Le sacre se célébrait alors, soit dans une des villes royales, comme Noyon, Orléans, Sens ou Compiègne, soit dans la grande cité archiépiscopale de Reims. Quel que fût le lieu choisi pour la cérémonie, elle devait être présidée par l'archevêque de Reims.

[5] Date très controversée. Voy. Ch. Pfister, p. 81. — « Obiit Rodbertus rex anno dominicæ incarnationis M° XXX° I° », écrit Orderic Vital (lib. VII, t. III, p. 157).

[6] *Rosala seu Susanna*.

[7] *Bertha*, *Bertrada*, *Berta*, etc.

cinq enfants. — Mariée avec Robert vers la fin de 996. — Répudiée, pour cause de parenté [1], en 1001.

CONSTANCE [2] *d'Arles*, dite *Blanche*, *Blandine* ou *Candide* [3], fille de Guillaume Ier, comte d'Arles [4]. — Mariée vers 1003. — Morte à Melun en juillet 1032.

Enfants :

Tous de Constance :

HUGUE, dit *le Grand*. Né en 1007. — Associé au trône dans l'église de Saint-Corneille de Compiègne, par l'archevêque de Reims, le 19 juin 1017. — Mort le 17 septembre 1025. — Enterré à Compiègne.

HENRI Ier.

ROBERT Ier, dit *le Vieux* [5], duc de Bourgogne. — Né en 1010. — Mort en 1075.

EUDE [6]. On ne connaît ni la date de sa naissance, ni celle de sa mort. Il se révolta contre son père et fut emprisonné à Orléans.

ADÈLE [7]. Mariée très jeune, en janvier 1027, avec Richard III, duc de Normandie. — Veuve le 6 août 1027. — Remariée en 1028 avec Baudouin, comte de Flandre. — Morte en 1079.

On attribue souvent, mais à tort, une deuxième fille au roi Robert.

---

[1] Robert avait été parrain de son dernier enfant.

[2] *Constancia, Constantia*, etc.

[3] *Blancha, Blanchia, Blandina, Candida,* etc. A cause de la blancheur de son teint.

[4] On l'a faite aussi fille de Guillaume V d'Aquitaine, et aussi de Guillaume III Taillefer, comte de Toulouse. Voy. F. Lot, *Les derniers carolingiens*, p. 361.

[5] *Robertus vetulus.*

[6] *Odo, Otto*, etc.

[7] *Adela, Adelais, Alda, Adala, Hadala,* etc.

III. — HENRI[1] Ier

Fils de Robert II et de Constance d'Arles.

Né vers 1008[2].

Duc de Bourgogne vers 1017.

Associé au trône et sacré[3], à Reims sans doute[4], en 1027.

Roi en juillet 1031.

Mort, empoisonné peut-être, à Vitry près d'Orléans, le 4 août 1060[5].

Enterré à Saint-Denis[6].

Femme :

MATHILDE[7], nièce de Henri II, empereur d'Allemagne, morte avant 1044.

ANNE[8] de *Russie*[9], fille de Iaroslaw Wladimirowitch, grand duc de Russie, et d'Ingegerd de Norvège. — Née

---

1 *Ainricus, Hainricus, Heinricus, Henricus, Eheinricus*, etc.

2 En avril ou en mai, croit-on.

3 Lorsque le fils du roi avait été désigné comme héritier présomptif et que les grands avaient approuvé le choix fait par le souverain, le nouvel élu était aussitôt sacré.

Jusqu'à Philippe-Auguste, le fils aîné de chaque roi fut sacré du vivant de son père. — Voy. ci-dessous la note 6, p. 21.

4 Peut-être à Sens. Voy. ci-dessus la note 4, page 7.

5 « Anno MLIX, obiit Henricus », écrit Orderic Vital, lib. III, t. II, p. 79. — « Anno MLX », écrit Richer, lib. I, t. I, p. 185.

6 Sur la fin de son règne, il commença à mentionner dans les lettres royaux les noms des grands officiers de la couronne. Voy. N. de Wailly, *Paléographie*, t. 1, p. 306.

7 *Mathildis, Mathilda, Mahauda*, etc.

8 Dite aussi Agnès et Gertrude : *Anna, Agnes, Gertrudis*.

9 Mathilde ne lui ayant pas donné d'enfant, il s'imagina que quelque parenté prohibée devait avoir existé entre eux. Pour ne pas s'exposer une seconde fois au courroux céleste, il envoya chercher une femme à l'extrémité de l'Europe. Voy. Caix de Saint-Aymour, *Anne de Russie, reine de France, puis comtesse de Valois*, 1894, in-18.

vers 1024. — Mariée le 14 mai 1049. — Remariée, après 1060, avec Raoul de Péronne, comte de Crépy et de Valois. — Morte vers 1075.

Enfants :

Tous d'Anne de Russie :

PHILIPPE Ier.

ROBERT, mort jeune après 1063.

HUGUE, dit *le Grand*. Devenu comte de Vermandois par son mariage avec Alix, héritière des comtés de Vermandois et de Valois. — Mort à Tarse, en Cilicie, le 18 octobre 1102.

IV. — PHILIPPE [1] Ier

Fils de Henri Ier et d'Anne de Russie.

Né en 1052.

Associé au trône et sacré à Reims le 23 mai 1059 [2].

Roi le 4 août 1060, sous la régence de Baudouin V, comte de Flandre [3].

Mort, au château de Melun, entre le 29 et le 31 juillet 1108.

Enterré au monastère de Fleury-sur-Loire.

Femme :

BERTHE ou BERTRADE [4] *de Hollande*, fille de Florent Ier, comte de Hollande. — Mariée entre 1071 et 1073. —

---

1 Ainsi nommé en souvenir de Philippe, roi de Macédoine, dont sa mère prétendait descendre.

2 On possède le procès-verbal de cette cérémonie.

3 Baudouin avait épousé Adèle, fille de Robert II, et par conséquent tante de Philippe.

4 *Berta, Bertrada, Bathildis,* etc.

Répudiée, sous prétexte de parenté, vers 1092. — Morte à Montreuil-sur-Mer en 1094.

Enfants :

LOUIS VI.

Constance. Entre 1093 et le 28 octobre 1095, elle épousa Hugue, comte de Champagne. — Répudiée pour cause de parenté en 1105, elle se remaria en 1106 avec Bohémond, prince d'Antioche, qui était venu implorer le secours des chevaliers français en faveur des chrétiens de la Palestine. — Morte vers 1125 [1].

Enfants naturels :

De Bertrade de Montfort [2], femme de Foulque, dit *le Rechin* [3], comte d'Anjou et de Touraine.

Philippe. Né vers 1092. — Marié vers 1104, avec Élisabeth, fille de Gui Trousseau, seigneur de Mantes et de Montlhéry.

Fleury, Flore ou Flores [4]. Marié avec N., héritière de Nangis.

---

[1] On a souvent attribué à Philippe Ier deux autres enfants mâles, Henri et Charles, qui tous deux seraient morts en bas âge. Voy. A. Luchaire, *Recherches sur les premières années de la vie de Louis le Gros*, p. 32. On y trouve une note que l'auteur n'a pas reproduite dans ses *Annales de Louis le Gros*.

[2] Philippe l'avait enlevée à son mari, qui s'en consola assez vite. Mais l'Église se montra moins accommodante. Elle ne voulut pas sanctionner la répudiation de Berthe, et elle excommunia le roi. Celui-ci alors renvoya Bertrade, puis la reprit. La mort de Berthe mit fin au conflit. Bertrade continua, d'ailleurs, à agir en reine, et quand Philippe voulut associer au trône le fils de Berthe, elle s'efforça de l'en détourner, d'y substituer un des siens.

[3] *Fulco Richinus*, Foulque le grognon, le rechigné, mot dans lequel on retrouve *rechin*, qui pourrait bien lui-même procéder de *canis*, chien.

[4] Voy. ci-dessous la note 2, page 14.

Cécile [1]. Mariée en 1106, avec Tancrède, neveu de Bohémond ; puis, vers 1113, avec Pons de Toulouse, comte de Tripoli. — Morte vers 1130.

Eustache [2]. Mariée avec Jean, comte d'Étampes.

V. — LOUIS [3] VI [4]

Louis Thibaud [5], dit *le Gros*, *le Grand*, *le Chassieux*, *l'Eveillé*, *le Justicier*, *le Batailleur* [6], etc.

Fils de Philippe Ier et de Berthe de Hollande.

Né, peut-être à Paris, entre 1077 et 1082 [7].

D'abord comte de Vexin et comte de Vermandois.

Associé au trône entre le 24 mai 1098 et le 25 décembre 1101, mais plus probablement vers cette dernière date [8].

Roi entre le 29 et le 31 juillet 1108.

Sacré à Orléans, le 3 août 1108, par l'archevêque de Sens [9].

Mort à Paris, de la dysenterie, le 1er août 1137.

Enterré à Saint-Denis.

---

1 *Cecilia*, *Cæcilia*, etc.

2 Nom douteux.

3 *Ludovicus*, *Lugdovicus*, *Lodovicus*, *Lucdovicus*, *Lodowicus*, *Hludovicus*, *Hludowicus*, etc.

4 Il est le premier prince de la dynastie capétienne qui ait reçu le nom mérovingien de Louis.

5 *Tedbaldus*.

6 *Grossus*, *Crassus*, *Pinguis*, *Magnus*, *Lippus*, *Non dormiens*, etc.

7 Voy. sur ce point une dissertation de M. A. Luchaire, qui se prononce pour la fin de 1081. *Annales de la vie et du règne de Louis le Gros*, p. 1 et 285.

8 Elle a soulevé de nombreuses controverses. Voy. A. Luchaire, p. 289.

9 L'archevêque de Reims, alors en disgrâce, protesta.

Femmes :

Lucienne de Rochefort, fille de Gui le Rouge, comte de Rochefort[1]. — Mariée vers 1104. — Répudiée, sous prétexte de consanguinité, le 23 mai 1107.

Adélaïde *de Maurienne* ou de *Savoie*, fille de Humbert II, comte de Maurienne. — Mariée avant le 3 août 1115[2]. — Remariée, après la mort de Louis VI, avec Mathieu de Montmorency, connétable de France. — Morte en 1154, à l'abbaye de Montmartre, qu'elle avait fondée.

Enfants :

Tous d'Adélaïde de Maurienne :

Philippe. Né le 29 août 1116. — Associé au trône et couronné à Reims le 14 avril 1129[3]. — Mort à Paris, d'une chute de cheval[4], le 13 octobre 1131.

LOUIS VII.

Henri, chanoine de Paris. — Trésorier de Saint-Martin de Tours. — Évêque de Beauvais. — Archevêque de Reims. — Mort le 13 novembre 1175.

Hugue. Mort en bas âge.

Robert, comte de Dreux. — Mort le 11 octobre 1188.

Philippe, élu évêque de Paris vers 1159[5]. — Mort le 4 septembre 1161.

Pierre, seigneur de Courtenay[6]. — Mort avant 1183.

Constance. Mariée en 1140 avec Eustache, comte de Boulogne, fils d'Étienne de Blois qui était roi d'Angleterre

---

1 *Luciana, filia Guidonis Rubei de Rupeforti.*

2 Sur cette date, voy. Luchaire, p. 301.

3 Voy. ci-dessous, la note 1, page 26.

4 « Hunc in Parisiis equitantem, in medio vico Sancti Johannis (devenue rue du Martroi) porcus anticipavit, per quem equus ejus cespitans cecidit ; ipse vero sub equo collisus expiravit ». Joh. Iperius, dans le *Recueil des historiens des Gaules,* t. XIII, p. 469.

5 Il se déclara indigne de ces hautes fonctions, et fit nommer à sa place le célèbre Pierre Lombard.

6 *Petrus de Curtiniaco.*

depuis 1135 ; puis avec Raymond V, comte de Toulouse. — Morte après 1176.

Fille naturelle :

ISABELLE [1]. Mariée en 1117 avec Guillaume, fils d'Osmond de Chaumont.

VI. — LOUIS VII

Dit Louis *Flores* [2], *le Jeune* [3] et *le Pieux* [4].

Fils de Louis VI et d'Adélaïde de Maurienne.

Né, on ignore en quel lieu, entre 1119 et 1122, mais plus probablement en 1120.

Associé au trône et sacré à Reims le 25 octobre 1131.

Roi le 1er août 1137 [5].

---

1 *Isabella, Ysabella, Elizabetha, Elisabelha,* etc.

2 Ludovicus Florus. « Il étoit très beau, et peut-être que, pour ce sujet, on lui donna le nom de Florus, ce qui pourroit l'avoir incité à prendre la fleur de lis pour ses armes ». (Scévole de Sainte-Marthe, *Traité des armes de France,* p. 42). — Voy. la note 3, p. 15.

3 Sans doute parce son père le fit sacrer très jeune.

4 *Juvenis, Junior, Pius*, etc.

5 Suger fut régent du royaume pendant les années 1147 à 1149, que Louis VII passa en Orient. La première croisade avait eu lieu en 1096, sans la participation du roi de France. Louis VII, au contraire, partit pour la seconde avec sa femme Aliénor qui, d'ailleurs, le trompa en route. Le savant président Hénault écrivait vers 1743 : « Les moines ennuyés de leurs cellules les quittoient, les femmes lasses de leurs maris, les seigneurs chargés de dettes..., un tas d'hommes et de femmes perdus de crimes partoient pour la Terre-Sainte, et laissoient sur leur passage les traces scandaleuses de leurs dissolutions et de leurs brigandages ». (*Abrégé chronologique de l'histoire de France*, Remarques particulières, à la suite du règne de Louis XIV). Les pèlerinages particuliers survécurent aux croisades, et les mêmes raisons les firent interdire. (Voy. A. F., *Dictionnaire historique des métiers*, p. 560.

Sacré duc d'Aquitaine, à Poitiers, le 8 août 1137[1].
Sacré roi de France, à Bourges, le 25 décembre 1137.
Sacré, avec Constance, à Orléans, en 1154.
Mort à Paris, de cachexie paralytique[2], le 18 septembre 1180.
Enterré près de Melun, à l'abbaye de Barbeaux, qu'il avait fondée[3].

Femmes :

ALIÉNOR ou ÉLÉONORE[4] *d'Aquitaine* ou *de Guyenne*, fille de Guillaume X, dernier duc d'Aquitaine. — Née à Belin (Gironde) en 1122. — Mariée à Bordeaux en juillet ou en août 1137. — Sacrée duchesse d'Aqui-

---

1 A dater de ce moment, il s'intitula « Ludovicus, Dei gratia Francorum rex et dux Aquitanorum ». Il continua à prendre ces titres, même après qu'Aliénor divorcée fut remariée, par exemple en tête d'un diplôme daté de 1154. (Voy. la *Bibliothèque de l'école des chartes*, t. XLV (1884), p. 305). — Il existe un diplôme où il se qualifie de « roi de France ». (Voy. N. de Wailly, *Paléographie*, t. I, p. 335). — Sur l'emploi des mots « Dei gratia », voy. Ducange, *Glossarium*, au mot *Dei*.

2 « Morbo paralysis et senio fatigatus obiit ». (Guillaume de Nangis, *Chronicon*, t. I, p. 70). — « D'une maladie que phisiciens apelent paralesie », (*Chroniques de Saint-Denis*, dans le *Recueil des historiens*, t. XVII, p. 348). — Voy. aussi Guillaume de Tyr, lib. XXII, cap. IV.

3 « Jusqu'à preuve contraire, écrit M. Anatole de Barthélemy, il paraît certain que Louis VII est le premier roi de France qui ait adopté des armoiries ». (*Essai sur l'origine des armoiries féodales*, dans les *Mémoires de la société des antiquaires de France*, t. XXXV, année 1872, p. 46. — Voy. aussi A. Luchaire, *Actes de Louis VII*, p. 93). C'était un semis de fleurs de lis d'or sur fond d'azur. Louis VII les transmit à ses successeurs, qui les conservèrent d'abord intactes. Mais Charles V réduisit à trois le nombre des fleurs de lis, et ce blason ainsi modifié a vu la fin de la monarchie. — La fleur de lis était un symbole de vénération pour la Vierge.

Louis VII est aussi le premier capétien qui ait eu un sceau de cire à double empreinte d'égale dimension. (Voy. N. de Wailly, *Paléographie*, t. I, p. 336).

4 *Alienora, Eleonora, Elianora, Ænor, Helienor, Alienordis, Eleanorissa,* etc, etc.

taine [1] le 8 août 1137. — Répudiée, sous prétexte de parenté [2], le 18 mars 1152. — Remariée le 18 mai 1152 avec Henri Plantagenet, devenu trois ans après Henri II, roi d'Angleterre. — Morte le 31 mars 1204. — Enterrée à l'abbaye de Fontevrault.

CONSTANCE [3] *de Castille*, fille d'Alfonse VII, roi de Castille. — Mariée à Orléans en 1154. — Morte en couches le 4 octobre 1160. — Enterrée à Saint-Denis.

ALIX ou ADÈLE [4] *de Champagne*, fille de Thibaut IV, comte de Champagne. — Mariée le 13 novembre 1160. — Morte à Paris le 4 juin 1206. — Enterrée à l'abbaye de Pontigny.

---

1 Il était admis déjà que les femmes pouvaient hériter des fiefs et les transmettre à leur mari. Ce fut là une des causes les plus actives de la ruine des familles féodales, qu'en outre la guerre décimait sans relâche. Par mariage, les femmes portèrent les fiefs de maison en maison, jusqu'à ce qu'ils arrivassent, pour la plupart, dans celle de France, qui durait toujours, puisqu'en principe le domaine royal était inaliénable. La dot d'Aliénor représentait la moitié de la France méridionale. Elle doubla donc, d'un seul coup, le territoire capétien, et permit au roi d'exercer son autorité depuis Poitiers jusqu'à la région pyrénéenne, alors limite extrême de l'Aquitaine. Louis VII dut y renoncer ; mais nous verrons plus tard Philippe IV, par exemple, acquérir ainsi d'une seule fois la Navarre, la Champagne et la Brie, et Charles VIII par le même moyen toute la Bretagne.

2 En réalité, à cause de l'inconduite de la reine. Louis déclara que l'on ne pourrait reconnaitre comme légitime une lignée qui viendrait d'elle. (Voy. Guillaume de Tyr, lib. XVII). Suger combattit longtemps ce divorce impolitique qui, non seulement enlevait au domaine royal l'Aquitaine, mais allait porter cette magnifique province à un prince déjà maitre de l'Anjou et de la Touraine, et qui tout à l'heure le serait encore de la Normandie et de l'Angleterre.

L'Aquitaine, devenue la Guyenne (simple corruption de nom, croit-on), ne revint à la France que sous Charles VII. Le 19 octobre 1453, il fit une entrée triomphale à Bordeaux : la guerre de cent ans était terminée.

3 On la trouve nommée Élisabeth, Marie, Marguerite et même Béatrix.

4 *Adela, Ada, Ala, Aalis, Alips, Helis, Ælis, Alipsa*, etc., etc.

Enfants :

D'Aliénor d'Aquitaine :

MARIE. Née en 1138. — Mariée en 1164 avec Henri Ier, le Libéral, comte de Champagne. — Morte le 11 mars 1198.

ALIX. Née en 1149. — Mariée vers 1165, avec Thibaut le Bon, comte de Blois. — Morte après 1183.

De Constance de Castille :

MARGUERITE, comtesse de Vexin. — Mariée, vers 1170, avec Henri Court-Mantel, fils de Henri II, roi d'Angleterre ; puis, en 1185, avec Bela III, roi de Hongrie. — Morte à Acre en Palestine en 1196.

ALIX. Morte jeune.

D'Adèle de Champagne :

ALIX. D'abord fiancée avec Richard Cœur-de-Lion ; puis mariée, vers 1195, avec Guillaume II, comte de Ponthieu.

PHILIPPE II.

AGNÈS, nommée parfois Marguerite, née vers 1170. — Mariée, le 2 mars 1180, avec Alexis Comnène, empereur de Constantinople [1] ; puis avec Andronic Comnène, meurtrier du précédent ; puis avec Théodore Branas, grand seigneur d'Andrinople. — Morte après 1204.

Enfant naturel :

Le Père Anselme attribue à Louis VII :

PHILIPPE, doyen de Saint-Martin de Tours. — Mort avant son père.

---

[1] Elle comptait dix ans à peine, et son mari en avait treize.

VII. — PHILIPPE II

Dit *Auguste* [1], *Dieudonné* [2], *le Magnanime* [3], *le Conquérant*, *le Fortuné* [4], *Philippe de Gonesse* [5], etc.

Fils de Louis VII et d'Alix de Champagne [6].

Né à Gonesse, près Paris, le 15, le 21, le 22 ou le 25 août 1165 [7].

---

1 *Augustus*. Parce qu'il était né au mois d'août, a-t-on dit. Gervais de Canterbury (Gervasius Dorobernensis) croit plus sagement qu'il fut ainsi nommé en l'honneur de Philippe, comte de Flandre, parrain du roi : « ad nomen comitis Flandriæ appellatus est ». (*Recueil des historiens*, t. XIII, p. 128). — Mais son chroniqueur Rigord est d'autre avis : « Les historiens, écrit-il, ont eu l'habitude d'appeler augustes, nom qui vient d'*augeo, auges,* les Césars qui augmentaient l'état ». (Édit. Delaborde, t. I, p. 6). Une chronique contemporaine dit, avec raison, que Philippe « regnum Francorum fere duplo ampliavit ». En effet, il réunit à la Couronne la Normandie, l'Anjou, le Maine, la Touraine, presque tout le Poitou, une grande partie de la Saintonge et du Beauvaisis, le Vermandois, l'Artois et le Valois. C'était bien doubler le patrimoine primitif.

2 *Adeodatus*. « Il fut appellé Phelippe Dieudonné, car, par les mérites du père, le donna Dieu au royaume de France ». *Chroniques de Saint-Denis*, édit. P. Paris, t. III, p. 417.

3 *Magnanimus*.

4 *Fortunatissimus*. Voy. Ducange, au mot *Leo*.

5 *De Gonessa, de Gonessia*. Nos rois possédaient à Gonesse (à 20 kilom. de Paris) un domaine considérable qui est très fréquemment cité dans les documents de cette époque. Voy. L. Delisle, *Fragments de l'histoire de Gonesse,* 1859, in-8°.

6 Louis VII avait eu déjà six enfants, tous des filles. Dans une charte qui est venue jusqu'à nous (Dans A. Duchesne, *Historiæ Francorum scriptores*, t. IV, p. 657), mais qui pourrait bien être apocryphe, il se félicite assez impoliment d'avoir enfin obtenu un fils, « sobolem melioris sexus », alors qu'il était affligé d'une multitude de filles, « terrati eramus, dit-il, multitudine filiarum ».

7 Rigord dit le 22, qui était un dimanche. — Il naquit un samedi, au commencement de la nuit, écrit Girald de Barry : « Nocte quidem et noctis hora quasi post conticinium et circa soporem primum ». Giraldus Cambrensis, dans le *Recueil des historiens*, t. XVIII, p. 153, in fine.

Associé au trône et sacré à Reims le 1er novembre 1179.

Roi le 18 septembre 1180.

Mort à Mantes, le 14 juillet 1223, d'une fièvre quarte, dit Guillaume de Nangis [1].

Inhumé à Saint-Denis.

Femmes:

ISABELLE [2] *de Hainaut* ou *de Flandre*, fille de Baudouin V, comte de Hainaut et de Flandre. — Mariée le 28 avril 1180. — Couronnée à Saint-Denis le 29 mai 1180. — Morte en couches, à Paris, le 15 mars 1190. — Enterrée dans l'église Notre-Dame de Paris.

INGEBURGE [3] *de Danemark*, fille de Valdemar le Grand, roi de Danemark. — Née en 1175. — Mariée à Amiens le 14 août 1193. — Sacrée le 15 août par l'archevêque de Reims. — Répudiée [4] à Compiègne le 5 novembre — Reprise par le roi en 1212. — Morte à Essonnes, près de Corbeil, le 29 juillet 1236 [5].

AGNÈS ou MARIE *de Méranie*, fille de Berthold, duc de Méranie, dans le Tyrol. — Mariée le 1er juin 1196. — Répudiée en septembre 1200. — Morte de chagrin au château de Poissy en 1201 [6].

---

1 Édit. Géraud, t. I, p. 169. — Voy. aussi Guillaume le Breton, *Philippidos lib. XII*, t. II, p. 369.

2 *Isabella, Elisabetha*, etc.

3 *Indeburgis*, *Ingeburgis*, *Isamburgis*, *Isemburgis*, *Isburgis*, etc. En danois, *Ingeborg*.

4 Sous prétexte de la parenté que Philippe disait exister entre Isabelle et Ingeburge.

5 Sur tout ceci, voy. la note qui accompagne les lignes consacrées à Agnès de Méranie.

6 Philippe II avait épousé, le 14 août, Ingeburge, qui fut sacrée à Reims le lendemain. Le roi ressentit aussitôt contre elle une aversion, restée aujourd'hui encore inexpliquée. Il prétendit même, contrairement aux assertions d'Ingeburge, que le mariage n'avait pas été consommé.

Philippe assembla, à Compiègne, un concile de prélats français qui consentirent à annuler son mariage (5 novembre 1193). Mais

Enfants :

D'Isabelle de Hainaut :

LOUIS VIII.

N., N., deux jumeaux morts en bas âge vers 1190.

D'Agnès de Méranie :

MARIE, souvent appelée JEANNE, fiancée d'abord (août 1206) avec Philippe, marquis de Namur, puis mariée (avril 1213) avec Henri Ier, duc de Brabant. — Morte vers 1278. — Enterrée à Louvain.

PHILIPPE, dit *Hurepel*[1], comte de Boulogne, Clermont, Aumale, Dammartin, etc. — Né en 1200. — Mort à Corbie en 1234. — Enterré à Saint-Denis.

N., Né après la disgrâce de sa mère, et connu sous le nom de Tristan. — Mort très jeune.

---

le pape Célestin III cassa la décision du concile (13 mars 1196) : ce qui n'empêcha pas Philippe d'épouser, au mois de juin, Agnès de Méranie. Innocent III, successeur de Célestin, somme le roi de chasser Agnès et de reprendre Ingeburge. Philippe s'y refuse, et, non seulement il est excommunié, mais le domaine royal tout entier est mis en interdit (15 juin 1200) : les églises sont fermées, les cloches se taisent, plus de mariages, plus d'enterrements religieux.

Philippe dut céder. Il se sépara d'Agnès (septembre 1200), puis reprit momentanément Ingeburge, qu'il ne tarda pas à renvoyer, à emprisonner même. Il la rappela pourtant en 1212, et elle lui survécut plusieurs années, qu'elle passa saintement dans le prieuré d'Essonnes, jadis fondé par elle.

Innocent III légitima (2 novembre 1201) les enfants qu'Agnès avait donnés au roi. Il fut établi, en effet, qu'elle pouvait croire Philippe libre quand elle l'avait épousé. Il faut lui rendre la même justice en la considérant comme épouse légitime.

Sur tous ces faits, voy. H. Géraud, dans la *Bibliothèque de l'école des chartes*, 2e série, tome I (1844), p. 1 et 93.

[1] *Heurepel, Hurepiau, Hirsutus, le Hérissé.* — « *Rude peau*, c'est-à-dire ignorant et grossier », écrit Henri Martin (tome IV, p. 134) ; mais voy. le Glossaire de Ducange, au mot *horripilare*. — Le hérissé me paraît le vrai sens.

Enfant naturel :

Pierre-Charlot [1], fils d'une jeune femme d'Arras. Né en 1208 ou 1209. — Évêque de Noyon. — Mort devant Chypre le 9 octobre 1249.

VIII. — LOUIS VIII

Dit *de Montpensier* [2], le *lion pacifique* [3] et *Cœur de lion* [4].

Fils de Philippe II et d'Isabelle de Hainaut.

Né à Paris le 3 ou le 5 septembre [5] 1187.

Roi d'Angleterre en 1216.

Roi de France le 14 juillet 1223.

Sacré à Reims le 6 août 1223 [6].

---

1 *Petrus-Carolus.*

2 Parce qu'il y est mort.

3 *Leo mitis*, dit Ducange, au mot *Leo*. — Il existait, pour l'année 1226, une inepte prophétie de Merlin, suivant laquelle « le lion pacifique devait mourir au ventre [7] du mont ». Louis VIII étant mort à Montpensier en Auvergne, on prétendit qu'il représentait le lion pacifique désigné par Merlin.

4 *Cor leonis.*

5 Rigord, biographe et peut-être médecin de Philippe-Auguste, écrit que Louis VIII naquit le lundi 5 septembre, à la onzième heure du jour. Mais le 5 septembre 1187 était un samedi et non un lundi. Voy. Rigord, *Gesta Philippi Augusti*, édit. Delaborde, t. I, p. 82, et l'*Histoire littéraire de la France*, t. XVII, p. 374.

6 Louis VIII, âgé de trente-six ans lorsqu'il monta sur le trône, est le premier roi capétien qui n'ait point été associé à la couronne du vivant de son prédécesseur. « La royauté était désormais trop bien assise pour avoir besoin de cette garantie, et la tradition du principe d'élection n'était plus assez forte pour exiger cette reconnaissance du vieux droit. Louis VIII fut donc le premier roi véritablement héréditaire et qui succéda au trône comme on succédait à un fief ». Henri Martin, tome IV, p. 116.

7 Ou panse.

Mort [1] au château de Montpensier, en Auvergne [2], le 8 novembre 1226.

Enterré à Saint-Denis.

Femme :

Blanche *de Castille* [3], fille d'Alfonse VIII, roi de Castille. — Née à Palencia avant le 4 mars 1188. — Mariée le 23 mai 1200. — Sacrée et couronnée à Reims le 6 août 1223. — Tutrice et régente durant la minorité de son fils (1226 à 1236). — Régente encore de 1248 à 1252, pendant la septième croisade. — Morte à Paris, le 26 ou le 27 novembre 1252 [4]. — Enterrée dans l'abbaye de Maubuisson (Seine-et-Oise), qu'elle avait fondée.

Enfants :

N., une fille, née en 1205. — Morte jeune.

Philippe. Né le 9 septembre 1209. — Mort vers 1218. — Enterré dans l'église Notre-Dame de Poissy.

Alphonse, Jean, { deux jumeaux, nés à Lorrez-le-Bocage, en Gâtinais, le 26 janvier 1213. — Morts en bas âge.

LOUIS IX.

Robert, comte d'Artois. — Né à la fin de septembre 1216. — Tué à Mansourah le 8 février 1250.

Jean, comte d'Anjou et du Maine. — Né le 21 juillet 1219. — Mort à Poissy vers 1227. — Enterré à Poissy.

---

1 Peut-être de la dysenterie. — Un anonyme qui a écrit la vie de Louis VIII nous apprend que ce prince mourut d'une maladie mortelle : « Infirmitas mortalis invasit », écrit-il. (Dans le *Recueil des historiens*, t. XVII, p. 310). — On a prétendu qu'il était mort empoisonné par le comte de Champagne (Thibaud V, mort en 1253), à l'instigation de la reine ; accusation très invraisemblable. (Voy. Petit-Dutaillis, *Étude sur la vie et le règne de Louis VIII*, p. 326.)

2 Il revenait d'une campagne entreprise contre les Albigeois.

3 *Blancha de Castella, Candida*, etc.

4 Sur cette date, voy. Élie Berger, *Histoire de Blanche de Castille*, p. 415.

TABLEAU N° 2. Page 23.

SUCCESSION AU TRONE
de Louis IX à Henri IV.

LOUIS IX

- **10.** PHILIPPE III
  - **11.** PHILIPPE IV
    - **12.** LOUIS X
      - **13.** JEAN Ier
    - **14.** PHILIPPE V
    - **15.** CHARLES IV

      Charles IV ne laisse pas de fils. Avec lui, s'éteint la branche *directe* des *Capétiens*. La couronne passe, avec PHILIPPE VI, à la branche des *Valois*, issue d'un fils de Philippe III
  - *Charles de Valois*
    - **16.** PHILIPPE VI
      - **17.** JEAN II
        - **18.** CHARLES V
          - **19.** CHARLES VI
            - **20.** CHARLES VII
              - **21.** LOUIS XI
                - **22.** CHARLES VIII

                  Charles VIII ne laisse pas de fils. La couronne passe aux *Valois-Orléans*, avec LOUIS XII, issu de Charles, duc d'Orléans, petit-fils de Charles V.
          - *Louis, duc d'Orléans*
            - *Charles duc d'Orléans*
              - **23.** LOUIS XII

                Louis XII ne laisse pas de fils. La couronne passe aux *Valois-Angoulême*, avec FRANÇOIS Ier, issu de Charles, comte d'Angoulême, arrière-petit-fils de Charles V.
            - *Jean comte d'Angoulême*
              - *Charles comte d'Angoulême*
                - **24.** FRANÇOIS Ier
                  - **25.** HENRI II
                    - **26.** FRANÇOIS II
                    - **27.** CHARLES IX
                    - **28.** HENRI III

                      Henri III ne laisse pas de fils. La couronne passe à la branche des *Bourbons*, avec HENRI IV, issu de Robert, 6e fils de Louis IX.
- *Robert comte de Clermont*
  - *Louis duc de Bourbon*
    - Ici se succèdent six générations.
      - *Antoine, duc de Bourbon*, épouse Jeanne d'Albret, héritière de Navarre
        - **29.** HENRI IV

Alphonse, comte de Poitiers et de Toulouse. — Né le 11 novembre 1220. — Mort à Sienne le 21 août 1271.

Philippe-Dagobert. Né le 20 février 1222. — Mort jeune.

Isabelle. Née avant le mois de juin 1224. — Religieuse au couvent de Longchamp, près de Paris. — Morte le 23 février 1269. — Enterrée dans le couvent de Longchamp, qu'elle avait fondé.

Étienne. Né à Paris en 1225. — Mort jeune. — Enterré dans l'abbaye de Royaumont, que Louis IX fonda en 1227.

Charles, comte d'Anjou et de Provence, roi de Naples et de Sicile. — Né posthume dans les premiers mois de 1227 [1]. — Marié en 1245 avec Béatrix, fille de Raymond-Bérenger IV, comte de Provence. — Mort le 7 janvier 1295.

IX. — LOUIS IX

Dit *le Saint*.

Fils de Louis VIII et de Blanche de Castille.

Né à Poissy [2] le 25 avril 1214 [3].

---

[1] Louis VIII n'ayant plus revu sa femme depuis le 17 mai 1226, jour ou il partit de Bourges pour sa dernière expédition, Charles dut naître en février 1227.

[2] Il signa parfois *Louis de Poissy* les lettres qu'il écrivait à ses familiers.

[3] « Le jour de saint Marc, évangéliste », écrit Joinville. (Édit. de 1868, p. 25).

Le lieu et la date de naissance de saint Louis ont donné lieu à de nombreuses controverses. On l'a fait naître à Neuville-en-Hez, au diocèse de Beauvais, et en l'année 1215. Ces deux hypothèses

Roi, sous la tutelle de sa mère, le 8 novembre 1226.

Sacré à Reims le 29 novembre 1226.

Déclaré majeur le 25 avril 1236.

Mort de la dysenterie, devant Tunis, le 25 août 1270 [1].

Enterré à Saint-Denis.

Canonisé par Boniface VIII le 11 août 1297 [2].

Femme :

MARGUERITE *de Provence* [3], fille de Raymond-Bérenger IV, comte de Provence. — Née en 1221. — Mariée à Sens [4] le 27 mai 1234. — Morte le 21 décembre [5] 1295.

Enfants [6] :

BLANCHE. Née en 1240. — Morte le 29 avril 1243. — Enterrée à l'abbaye de Royaumont.

---

sont aujourd'hui à peu près abandonnées. Voy. les *Bollandistes*, mois d'août, t. V, p. 287. — Natalis de Wailly, *Mémoire sur la date et le lieu de naissance de saint Louis*, dans la *Bibliothèque de l'école des chartes*, VIe série, t. II (1886), p. 105. — Huillard-Bréholles, *Lieu de naissance de saint Louis*, dans les *Mémoires de la société des antiquaires de France*, année 1859, p. 174.

[1] On attribue à saint Louis la création, vers 1234, du premier ordre de chevalerie qui ait existé en France, l'ordre militaire de la *cosse de genêt*. Le collier, composé de tiges et de cosses de genêt unies à des fleurs de lis, portait pour devise les mots *exaltat humiles*, il élève les humbles.

[2] Le fils de Bérengère, sœur de Blanche de Castille, Ferdinand III, roi de Castille, fut également canonisé.

[3] *Margarita de Provincia.*

[4] Elle n'avait guère plus de treize ans alors et son mari en avait dix-neuf. Mais Blanche sépara les deux époux, et leur premier enfant naquit en 1240.

[5] J'adopte la date fournie par Tillemont. Quelques auteurs donnent celle du 31 décembre.

[6] Dans son *Histoire de Blanche de Castille*, M. Élie Berger promet, sur les enfants de saint Louis, un travail qui n'a pas encore paru.

ISABELLE. Née le 2 mars 1241. — Mariée en 1258 avec Thibaut II, roi de Navarre. — Morte près de Cosenza, en Calabre, le 28 janvier 1271.

LOUIS. Né le 21 septembre 1243. — Mort à Paris en 1260. — Enterré à l'abbaye de Royaumont.

PHILIPPE III.

JEAN. Mort en bas âge, le 10 mars 1248.

JEAN, dit *Tristan* [1], dit aussi *Jean de Damiette*, comte de Valois, de Crécy et de Nevers. — Né à Damiette [2] en 1250. — Mort devant Tunis le 3 août 1270. — Enterré à Saint-Denis.

BLANCHE. Née en 1252 à Joppé [3] dans la Syrie. — Mariée à Burgos en 1269 avec Ferdinand, fils d'Alfonse X de Castille. — Veuve en 1275. — Morte à Paris le 17 juin 1320.

PIERRE, comte d'Alençon, de Blois et de Chartres. — Mort à Salerne le 6 avril 1284.

ROBERT, comte de Clermont, tige de la maison de Bourbon. — Né en 1256. — Marié, vers 1279, avec Béatrix de Bourgogne, fille unique de Jean II, duc de Bourgogne, seigneur de Charolais et de Bourbon. — Mort le 7 février 1317.

MARGUERITE. Mariée en 1269 avec Jean Ier, duc de Brabant. — Morte en couches vers 1271. — Enterrée à Saint-Denis.

AGNÈS. Mariée en 1279 avec Robert II, duc de Bourgogne. — Morte en 1327.

---

[1] *Johannes Tristanus.*

[2] Marguerite avait accompagné son mari en Orient.

[3] Auj. Jaffa.

X. — PHILIPPE III[1]

Dit *le Hardi*[2], *le Doux*, *le Débonnaire*[3].

Fils de Louis IX et de Marguerite de Provence.

Né à Poissy, dans la nuit du 30 avril au 1er mai 1245[4].

Roi[5] le 25 août 1270.

Sacré à Reims[6] en 1271.

Mort, de fièvre paludéenne, à Perpignan[7], le 5 octobre 1285.

Enterré à Saint-Denis[8].

---

[1] Il est parfois appelé Philippe IV dans les textes du moyen âge. (Voy. le *Cartulaire de Notre-Dame de Chartres*, t. I, p. 135, note 1). L'on compte alors parmi les rois Philippe, fils aîné de Louis le Gros (voy. ci-dessus p. 13), qui fut associé au trône en 1129, mais qui mourut avant son père.

[2] *Philippus Audax.* — « Ce surnom énigmatique a fait le désespoir des commentateurs, car on n'attribue à ce prince aucun trait marqué d'héroïsme ou de témérité ». Ch.-V. Langlois, *Le règne de Philippe le Hardi*, p. 2.

[3] Sur un vitrail de l'église Saint-Gervais à Paris, il était dit *Philippe sans désastre*. Voy. Ch.-V. Langlois, p. 2.

[4] Guilelmus de Nangiaco, *Chronicon*, édit. Géraud, t. I, p. 198.

[5] A Tunis, où Louis IX venait de mourir.

[6] Par Milon de Basoches, évêque de Soissons, le siège de Reims étant vacant.

[7] Il revenait d'une guerre qu'il avait entreprise contre le roi d'Aragon.

[8] Les plus anciennes lettres d'anoblissement dont on ait conservé le souvenir ont été accordées par Philippe III à son orfèvre Raoul (E. Boutaric, *La France sous Philippe le Bel*, p. 55). Ces lettres sont, d'ailleurs, connues seulement par une phrase du président Hénault. Je ne les ai trouvées ni dans la *Table des diplômes* de M. de Bréquigny, ni dans la collection des *Ordonnances des rois de France.*

Dans ses actes latins, Philippe III prend toujours le titre *rex Francorum.* Au contraire, dans les actes en langue française, il s'intitule le plus souvent *roi de France.* (N. de Wailly, *Paléographie*, t. I, p. 352).

Femmes :

Isabelle [1] *d'Aragon*, fille de Jacques Ier, roi d'Aragon. — Mariée le 28 mai 1262. — Morte d'une chute de cheval, à Cosenza en Calabre [2], le 28 janvier 1271.

Marie *de Brabant* [3], fille de Henri III, dit le Débonnaire, duc de Brabant. — Mariée à Vincennes, le 21 août 1274. — Couronnée à la Sainte-Chapelle de Paris, le 24 juin 1275. — Morte, près de Meulan, le 10 janvier 1321.

Enfants :

D'Isabelle d'Aragon :

Louis. Mort jeune en 1276.

PHILIPPE IV.

Charles *de Valois*, comte de Valois, du Maine, d'Anjou, d'Alençon, de Chartres, du Perche. — Né le 12 mars 1270. — Fait roi d'Aragon en 1284. — Marié en 1290 avec Marguerite, fille de Charles le Boiteux, roi de Naples. — Mort le 16 décembre 1328. — Il est la tige de la maison de Valois, qui monta sur le trône avec Philippe VI. — On a dit de lui qu'il fut fils de roi (Philippe III), frère de roi (Philippe IV), oncle de trois rois (Louis X, Philippe V, Charles IV), père de roi (Philippe VI) et jamais roi, car on ne peut guère compter son éphémère royauté d'Aragon.

De Marie de Brabant :

Louis, comte d'Évreux, d'Étampes, etc. — Né en mai 1276. — Mort à Paris le 19 mai 1319. — Son fils Philippe fut roi de Navarre en 1328, par son mariage avec Jeanne, fille de Louis X.

---

[1] *Isabella, Ysabella, Ysabellis, Isabiaus de Aragonia.*
[2] Elle revenait de Tunis.
[3] *Maria de Brabantia, de Brabanto, etc.*

Marguerite. Mariée le 8 septembre 1299 avec Édouard Ier, roi d'Angleterre. — Morte en 1317.

Blanche. Mariée en 1300 avec Rodolphe d'Autriche, fils de l'empereur Albert Ier. — Morte à Vienne, en Autriche, le 14 mars 1306.

XI. — PHILIPPE IV

Dit *le Bel* [1].

Fils de Philippe III et d'Isabelle d'Aragon.

Né à Fontainebleau en 1268.

Roi le 5 octobre 1285.

Sacré à Reims le 6 janvier 1286.

Mort [2] à Fontainebleau, le vendredi 29 novembre [3] 1314 [4].

Enterré à Saint-Denis.

---

1 *Philippus Pulcher.*

2 Guillaume de Nangis raconte que Philippe « mourut d'une longue maladie, dont la cause, inconnue aux médecins, fut pour eux et pour beaucoup d'autres le sujet d'une grande surprise et stupeur ». (*Chronicon,* édit. Géraud, t. I, p. 413). — On a parlé d'un accident de chasse et aussi d'un empoisonnement. Il semble plus vraisemblable qu'il mourut de la fièvre typhoïde. (Voy. Funck Brentano, dans la *Revue historique,* t. XXVI, p. 456).

3 Et non le 28, comme le dit Godefroy de Paris dans sa *Chronique* : « La surveille de sainct Andrieu ». (Édit. Buchon, p. 261). — Guillaume de Nangis est plus exact quand il écrit : « Die veneris, vigilia sancti Andreæ apostoli, feliciter spiritum suum reddidit creatori ». (Édit. Géraud, t. I, p. 414).

4 Quoiqu'il eût droit, par son mariage, au titre de *roi de Navarre,* il ne l'a jamais pris dans aucun acte. Son fils, Louis le Hutin, fut moins réservé. (E. Boutaric, p. 6). En revanche, dans les actes relatifs à la Champagne et à la Brie, que sa femme lui avait apportées, il mentionne presque toujours le consentement de « sa chère compagne Jeanne de Navarre : « Joanna Francie et Navarre

Femme :

JEANNE *de Navarre* [1], fille et héritière [2] de Henri Ier, roi de Navarre, comte de Champagne et de Brie. — Née

---

regina, Campanie Brieque comitissa ». (N. de Wailly, t. I, p. 353).

Philippe est le premier qui ait employé la formule : « par la plénitude de la puissance royale ».

Le premier aussi, il convoqua les États généraux du royaume. Ce que l'on sait moins, c'est que dès lors, dès 1302, les députés du Tiers-État étaient désignés par le suffrage universel. (Voy. Boutaric, p. 20).

C'est à dater de ce règne que le Parlement devint sédentaire et fut installé dans le palais de la Cité, qui est devenu notre Palais de justice.

On regarde comme l'origine de notre intendance militaire les approvisionnements faits de tous côtés par Philippe, lors de la guerre contre les Flamands. Il exempta de toute redevance les denrées qui avaient cette destination, et il protégea efficacement les marchands qui apportaient des vivres destinés aux troupes. (Boutaric, p. 373).

1 *Jeanna de Navarra.*

2 La loi salique n'existant pas en Navarre, Jeanne apporta ce royaume (ainsi que la Champagne et la Brie) à Philippe IV. Aussi ses trois fils s'intitulèrent-ils rois de France et de Navarre. La Navarre passa ensuite dans la maison d'Évreux, par le mariage de Jeanne, fille de Louis X, avec Philippe, comte d'Évreux.

HENRI Ier
(1270-1274)
|
JEANNE Ire
et PHILIPPE LE BEL
(1274-1304)
|

LOUIS X (1304-1316)	PHILIPPE V (1316-1322)	CHARLES IV (1322-1328)
|		
JEANNE II et PHILIPPE D'ÉVREUX (1328-1349)		

Par son mariage avec Jeanne II, Philippe d'Évreux devint roi de Navarre. On a vu que Jeanne tenait ce titre de son père Louis X, qui lui-même en avait hérité de sa mère Jeanne. — Philippe V et Charles IV se dirent aussi rois de Navarre, mais comme tuteurs de leur nièce Jeanne.

Voir, page 73, la suite de ce tableau.

vers 1270. — Mariée à Paris, le 16 août 1284. — Morte au château de Vincennes le 2 avril 1304.

Enfants :

LOUIS X.

ISABELLE. Née en 1292. — Mariée à Boulogne, le 22 janvier 1309, avec Édouard II, roi d'Angleterre. — Morte à Londres le 21 novembre 1357.

MARGUERITE. Née avant 1294. — Morte jeune.

BLANCHE. Née avant 1294. — Morte jeune. — Enterrée à Saint-Denis.

PHILIPPE V.

CHARLES IV.

ROBERT. Né avant 1304. — Mort jeune à Saint-Germain-en-Laye.

XII. — LOUIS X

Dit *le Hutin* [1].

Fils de Philippe IV et de Jeanne de Navarre.

Né à Paris le 4 octobre 1289 [2].

D'abord roi de Navarre, comte de Champagne et de Brie, titres qu'il tenait de sa mère Jeanne [3].

---

[1] C'est-à-dire « Louis le Mutin ou le Noiseux », écrit Étienne Pasquier (*Recherches sur la France*, t. I, p. 843). — *Hustin, hutain, huitin, ostin,* mots qui signifient bruit, tapage, querelle, et d'où sont venus *hustineux, hutineux, hustineurs,* etc. : « Lors commença li hutins entre les Sarrazins et les serjans », dit Joinville (Édit. de 1868, p. 195, § 105. — Voy. aussi Ducange, au mot *Hutinus*.

[2] Guilelmus de Nangiaco, *Chronicon,* t. I, p. 275.

[3] Il s'intitule alors : « Ludovicus regis Francorum primogenitus, Dei gratia Navarre rex, Campanie Brieque comes », ou bien : « Nous, ainsné fils dou roy de France, roy de Navarre, de Champagne et de Brie, comte palatin ». (N. de Wailly, *Paléographie,* t. I, p. 337).

Sacré roi de Navarre, à Pampelune, en 1307.

Roi de France le 29 novembre 1314.

Sacré à Reims le 24 août 1315.

Mort, sans doute d'une pneumonie [1], au château de Vincennes, dans la nuit du 4 au 5 juin 1316 [2], vers minuit.

Enterré à Saint-Denis.

Femmes :

MARGUERITE *de Bourgogne* [3], fille de Robert II, duc de Bourgogne, et d'Agnès de France, fille de Louis IX. — Mariée, à Vernon en Normandie, le 21 ou le 23 septembre 1305. — Tuée en avril 1315. — Enterrée dans l'église des Cordeliers de Vernon.

CLÉMENCE *de Hongrie* [4], fille de Charles Ier, roi de Hongrie. — Mariée le 19 août 1315. — Sacrée à Reims le 24 août 1315. — Morte le 13 octobre 1328. — Enterrée dans l'église des Jacobins de Paris.

Enfants :

De Marguerite de Bourgogne :

JEANNE *de Navarre*. Née le 28 janvier 1311. — Mariée, le 27 mars 1317, avec Philippe, comte d'Évreux, qui devint ainsi roi de Navarre. — Morte, à Conflans, le 6 octobre 1349.

---

[1] Suivant Guillaume de Nangis, il fut emporté par une fièvre violente « febre quasi correptus » (t. I, p. 426). — Suivant Robert Gaguin, il succomba à « un flux de ventre » (*La mer des chroniques*, édit. de 1536, f. 98, verso).

[2] Et non le 5 juillet, comme on l'a dit. La vraie date est fournie par le testament de Clémence de Hongrie, sa veuve. « Et le cinquième jour de juing, que nostre très chier seigneur le Roy Louys mourut... ». (Voy. les *Mémoires de l'académie des inscriptions*, t. X, (1736), p. 570). — Godefroy de Paris écrit qu'il mourut « droit au quart jor de juing ». (Page 295).

[3] *Margarita de Burgundia.*

[4] *Clementia de Hungaria.*

De Clémence de Hongrie :
JEAN Ier.

Enfant naturel :

Endeline, abbesse des Cordelières du faubourg Saint-Marcel, à Paris. — Morte après 1330.

XIII. — JEAN Ier

Dit *le Posthume*.
Fils posthume de Louis X et de Clémence de Hongrie.
Né dans la nuit du 13 au 14 novembre 1316.
Mort [1] le 19 ou le 20 du même mois [2].

---

[1] La rapidité de cette mort, qui laissait vacant le trône de France et laissait le champ libre à tant d'ambitions, a éveillé des soupçons. Philippe, frère du dernier roi, avait épousé la fille de Mahaut, comtesse d'Artois, et celle-ci, voulant que sa fille devînt reine, aurait supprimé le nouveau né, soit en le faisant tuer par sa nourrice, qui lui aurait enfoncé une aiguille dans la tête, soit en l'étouffant elle-même dans ses bras, soit en l'empoisonnant.

On a dit aussi que, d'accord avec son gendre, elle avait substitué au petit roi très bien portant un enfant prêt à mourir. Le véritable fils de Louis X aurait été emmené en Italie et élevé par un négociant de Vienne. Il est certain que, sous le règne de Jean II, un sieur Gianino fit valoir des droits qui furent reconnus à Rome par le tribun Rienzi, et en Hongrie par le roi Louis Ier, neveu de Clémence.

Sur tout ceci, voy. Monmerqué. *Dissertation historique sur Jean Ier*, Paris, 1844, in-8°.

[2] On est d'accord sur la naissance du roi Jean Ier, mais la date de sa mort a été très controversée. Presque tous les anciens chroniqueurs le font vivre de sept à huit jours (Voy. le *Recueil des historiens*, t. XX, p. 652, t. XXI, p. 404, 523, 726, etc.). Toutefois, il vécut seulement quatre jours, suivant le P. Anselme (*Histoire généalogique*, t. I, p. 32) ; sept jours, selon Baluze (*Vitæ paparum Avenionsium*, t. I, p. 84) ; huit jours, suivant P. Dupuy (*Traité de la majorité de*

Roi pendant ces quelques jours.
Enterré à Saint-Denis.

Louis X en mourant ne laisse qu'un enfant, une petite fille de cinq ans et demi, que sa mort vient de faire reine de Navarre. Va-t-elle être reine de France ? Trois obstacles se dressent devant elle. D'abord, l'ambition de son oncle Philippe, qui déjà est à la fois son tuteur et régent du royaume. Puis, Clémence, veuve de Louis X, est enceinte ; si elle a un fils, c'est à lui, sans contestation possible, qu'appartient la couronne. Ce fils, le petit roi Jean, meurt presque en naissant, laissant la place libre. Mais Jeanne se trouve maintenant en présence d'une sorte de tradition qui, en France, exclut du trône les femmes. Depuis l'avènement des Capétiens, c'était la première fois que ce principe allait recevoir une application. Jusque là chaque souverain en mourant avait laissé un héritier prêt à lui succéder.

Philippe ne perdit pas son temps à discuter la question. Aussitôt le petit roi mort, il s'entend avec le comte de Valois [1], son oncle, avec le comte de la Marche [2], son frère, et se fait par eux reconnaitre roi. La duchesse

---

nos rois, p. 67) ; VINGT JOURS, suivant G. Millet (*Le trésor sacré de Saint-Denys*, p. 264) ; UN MOIS, suivant Scévole de Sainte-Marthe (*Histoire généalogique de la Maison de France*, t. I, p. 426). — Je trouve dans une publication assez récente une preuve qui ne peut plus permettre aucun doute. Dans les comptes tenus par Geoffroi de Fleuri, argentier de Philippe le Long, figurent les dépenses faites pour les obsèques du petit roi. On y lit que Renaut de Lor, un des chambellans de Philippe le Long, alors régent, commanda « le samedi xxe jour de novembre », tous les objets nécessaires pour la cérémonie. Geoffroi en fournit la liste avec les prix. Voy. *Ce sont les parties de l'obsèque le roy Jehan*, dans Douët-d'Arcq, *Comptes de l'argenterie des rois de France*, p. 18.

1 Son fils sera le roi Philippe VI.

2 Il sera tout à l'heure le roi Charles IV.

Agnès, aïeule de Jeanne, proteste; plusieurs seigneurs s'efforcent aussi de barrer le chemin à celui qu'ils avaient accepté pour régent, mais qu'ils n'entendaient pas faire roi. Philippe brusque la situation. Il va se faire couronner à Reims; puis, sentant le besoin de donner à son sacre une consécration légale, il songe à convoquer les États-généraux. Ils ne pouvaient guère être réunis avant deux mois, pendant lesquels bien des incidents étaient à redouter. Philippe prend donc le parti de réunir à Paris (2 février 1317) une assemblée où figurent la plupart des prélats du royaume, un grand nombre de nobles et même de bourgeois, des docteurs de l'Université, etc. Dès le 3 février ils proclament que « femme ne succède pas au royaume de France ».

On a dit que Jeanne avait été ainsi exclue en vertu de la loi salique. Mais celle-ci ne renferme en réalité aucune disposition qui puisse être interprétée en ce sens. Le § 6 du titre LXII, *De alodis*, s'exprime ainsi: « De terra vero salica nulla portio hæreditatis mulieri veniat, sed ad virilem sexum tota terræ hæreditas perveniat[1] ». Il resterait à établir le sens des mots *terra salica*, qui paraissent ne s'être jamais appliqués au domaine royal[2], et se bornent à ne pas accorder de terres aux femmes tant qu'il reste des enfants mâles. Mais il était de principe que la France était un fief trop noble *pour tomber en quenouille*. Comme l'écrit Froissart: « Li royaume de France est de si grant noblèce qu'il ne doit mies, par succession, aler à fumelle[3] ».

Cette interprétation erronée de la loi salique a donné des résultats assez curieux pour être notés. Elle se tourna presque aussitôt contre celui qui l'avait provoquée, car il

---

1 Cinquième texte, dans Pardessus, *La loi salique*, p. 318.

2 Voy. les *Mémoires de l'académie des inscriptions*, t. VIII (1733), p. 490, et la *Bibliothèque de l'école des chartes*, t. III (1841), p. 113.

3 Livre I, § 42, édit. S. Luce, t. I, p. 84. — Voy. encore Paul Viollet, *Comment les femmes ont été exclues de la succession à la couronne*. Dans les *Mémoires de l'académie des inscriptions*, t. XXXIV, p. 125.

ne laissa à son tour que des filles, qui se trouvèrent ainsi deshéritées en faveur de leur oncle Charles IV. Ce n'est pas tout, nous allons voir la race des Capétiens directs s'éteindre par la succession de trois frères se succédant faute d'enfant mâle : nous verrons s'éteindre de même la branche des Valois et la branche des Bourbons.

Mais la sentence rendue par l'assemblée suscita de redoutables résistances, et Philippe dut se résigner à des sacrifices. A Eude, duc de Bourgogne et oncle de Jeanne, il accorda sa fille [1] avec le comté de Bourgogne [2] et l'Artois qu'avait apportés la mère de celle-ci. A Philippe d'Évreux, petit-fils de Philippe III, il donna Jeanne avec la Navarre. Cette petite Jeanne tenait encore de sa mère la Champagne et la Brie, qui restèrent à la couronne de France. Ces deux unions ne furent en réalité que des fiançailles, car les futures étaient encore dans l'enfance.

XIV. — PHILIPPE V

Dit *le Long*, *le Grand* [3], *le Borgne* [4] et *le Beau* [5].
Fils de Philippe IV et de Jeanne de Navarre.
Né vers 1293.
D'abord comte de Poitou.
Régent du royaume le 16 juillet 1316.
Roi le 19 ou le 20 novembre 1316.
Sacré à Reims le 9 janvier 1317 [6].

---

1 Encore une Jeanne.
2 La Franche-Comté.
3 *Philippus Longus* et *Magnus*, à cause de sa grande taille.
4 Parce qu'il était myope.
5 Philippe « li biau », écrit Froissart, *Chronique*, t. I, p. 11.
6 Et non le 6 janvier, « in festo Epiphaniæ », comme le dit Jean de Saint-Victor. Voy. Ét. Baluze, *Vitæ paparum Avenionsium*, t. I p. 119.

Mort de la dysenterie [1] à Longchamp, dans la nuit du 2 au 3 janvier 1322, un peu après minuit.

Enterré à Saint-Denis [2].

Femme :

JEANNE *de Bourgogne*, fille d'Othon V, comte de Bourgogne, et de Mahaut [3], comtesse d'Artois. — Mariée à Corbeil, en janvier 1307. — Morte le 21 janvier 1329. — Enterrée chez les Cordeliers de Paris.

Enfants :

JEANNE *de Bourgogne*. Fiancée le 18 juin 1318 avec Eude IV, duc de Bourgogne, qui devint ainsi comte de Bourgogne [4]. — Morte en 1347.

MARGUERITE. Née vers 1310. — Fiancée en 1320 avec Louis II, dit de Crécy, comte de Flandre. — Morte le 9 mai 1382.

ISABELLE. Mariée le 17 mai 1323 avec Guigues VIII, Dauphin de Viennois ; puis, avant 1336, avec Jean, baron de Faucogney en Franche-Comté. — Morte après 1345.

BLANCHE. Religieuse à Longchamp vers 1318. — Morte le 26 avril 1358.

PHILIPPE [5]. Né en janvier 1313. — Mort avant le 24 mars [6] 1321.

LOUIS. Né vers 1315. — Mort le 1er janvier ou le 8 février 1316.

---

[1] « Dysenteria et quartana », dit Guillaume de Nangis, t. II, p. 37.

[2] Il s'intitula plus souvent *rex Francie* que *rex Francorum*.

[3] Mathilde.

[4] Voy. ci-dessus.

[5] Il est presque toujours cité, à tort, comme fils de Charles le Bel.

[6] Le 24 mars 1321, Philippe le Long accordait 18 setiers de blé à prendre tous les ans dans la grange royale de Gonesse, à Aveline du Plexeis qui avait été nourrice du petit prince, « lequel lors est trépassé », dit la charte de donation. Voy. le P. Anselme, t. I, p. 96. Le P. Anselme attribue, d'ailleurs, cet enfant à Charles IV.

XV. — CHARLES IV

Dit *le Bel*.

Fils de Philippe IV et de Jeanne de Navarre.

Né en 1295 [1].

D'abord comte de la Marche.

Roi le 3 janvier 1322.

Sacré à Reims le 11 février 1322.

Mort au château de Vincennes, à la suite d'une douloureuse et longue maladie [2], le 1er février [3] 1328.

Enterré à Saint-Denis.

Femmes :

BLANCHE *de Bourgogne* [4], fille d'Othon IV, comte de Bourgogne, et de Mahaut d'Artois. — Mariée vers 1307. — Répudiée, sous prétexe de parenté, en 1322. — Morte à l'abbaye de Maubuisson en avril 1326.

MARIE *de Luxembourg* [5], fille de l'empereur Henri VII. — Née vers 1305. — Mariée à Provins le 21 septembre 1322. — Morte en couches, à Issoudun, avant le 21 mars 1324.

JEANNE *d'Évreux* [6], fille de Louis, comte d'Évreux. — Mariée le 5 juillet 1325. — Morte, à Brie-Comte-Robert, le 4 mars 1371.

---

[1] Voy. une note de M. F. de Mély, dans les *Comptes rendus de l'académie des inscriptions*, t. XXVIII (1899), p. 9.

[2] « Gravis ægritudo arripuit, qua diu laborans.... » Guillaume de Nangis, t. II, p. 82.

[3] Et non le 31 janvier comme le disent toutes les biographies. « Le jour de Noël, environ mienuit acoucha au lit malade le roy Charles, et la veille de la Chandeleur mourut au bois de Vincennes». (*Chroniques de Saint-Denis*, édit. P. Paris, t. V, p. 303). « In vigilia Purificationis beatæ Mariæ, apud nemus Vicennarum », écrit Guillaume de Nangis (t. II, p. 82).

[4] *Blancha de Burgundia.*

[5] *Maria de Lucemburgo.*

[6] *Johanna de Ebroicis.*

Enfants :

De Blanche de Bourgogne :

JEANNE. Morte le 17 mai 1321.

De Marie de Luxembourg :

LOUIS. Né avant terme, à Issoudun, en 1323.

De Jeanne d'Évreux :

JEANNE. Née en 1326. — Morte avant le 16 janvier 1327.

MARIE. Morte le 6 octobre 1343.

BLANCHE. Comtesse de Beaumont, née posthume le 1er avril 1328. — Mariée en 1345 avec Philippe, duc d'Orléans, fils du roi Philippe VI. — Morte le 8 février 1346.

Avec Charles IV finit la branche aînée des Capétiens. Les trois fils de Philippe le Bel ont disparu en quelques années [1]. Charles IV, le dernier, vient de mourir à trente-trois ans, et, bien que marié trois fois, il ne laisse que des filles : à qui va appartenir la couronne de France ?

Trois prétendants la réclament. Ce sont :

1° *Philippe, comte d'Évreux* [2], qui avait épousé Jeanne de Navarre, fille de Louis X.

2° *Édouard III, roi d'Angleterre*. Son père Édouard II avait épousé Isabelle, fille de Philippe IV. Édouard III

---

[1] « Et ainsi, disent les *Chroniques de Saint-Denis*, toute la lignée du roy Phelippe le Bel, en moins de treize ans fut deffaillie et amortie, dont ce fut très grant dommage ». (Édit. Paulin Paris, t. V, p. 303).

[2] La maison d'Évreux remontait au XIIIe siècle. Son chef, Louis Ier, comte d'Évreux, était le quatrième enfant de Philippe III, et par conséquent petit-fils de saint Louis.

était donc petit-fils de Philippe le Bel et neveu des trois derniers rois.

3° *Philippe, comte de Valois.* Il était fils de Charles, comte de Valois, frère de Philippe le Bel, par conséquent neveu de ce dernier et cousin germain des trois derniers rois.

L'assemblée des pairs et barons du royaume décida que Jeanne et Isabelle ne pouvaient transmettre de droits à la couronne, puisque, en vertu de la loi salique [1], elles n'en possédaient aucun, et Philippe de Valois, déjà régent du royaume [2], fut proclamé roi. Mais Édouard III ne renonça pas à ses prétentions, qui devinrent l'origine de la *Guerre de cent ans.*

---

1 Voy. ci-dessus, p. 34.

2 A la mort de Charles IV, sa femme Jeanne d'Évreux était enceinte. Si elle accouchait d'un fils, c'est à lui que revenait la couronne. Il fallut donc pourvoir à une régence. Mais la reine accoucha d'une fillé : Blanche, qui épousa un fils de Philippe VI.

II

BRANCHE DES VALOIS

XVI. — PHILIPPE VI

Dit *de Valois*, *le Catholique*, *le Fortuné* [1], *le Roi salique* [2], *le Roi trouvé* [3], etc.

Fils de Charles de Valois, troisième fils de Philippe III et par conséquent frère de Philippe IV, il avait eu pour mère Marguerite, fille de Charles le Boiteux, roi de Naples. Il était, en outre, cousin germain de Charles IV.

Né en 1293.

D'abord comte de Valois.

Régent du royaume le 1er février 1328.

Roi le 1er avril 1328.

Sacré à Reims le 29 mai 1328.

Mort [4] à Nogent-le-Roi, près de Chartres, le 22 août 1350.

Enterré à Saint-Denis.

---

1 « Sans doute parce qu'il parvint de fort loin à la couronne », écrit le président Hénault.

2 Il devait certainement ce surnom à la loi qui l'avait porté au trône. Mais on a dit aussi qu'on le lui avait donné parce que ce fut lui qui provoqua l'établissement de greniers à sel dans toutes les provinces (1342).

3 Parce qu'il n'était pas « droit héritier du trône », a-t-on dit. Brantôme écrit de son côté : « Comme si, par un nouveau droict (la loi salique peut-être), il se fust faict roy ». *Œuvres*, t. VIII, p. 50.

4 Peut-être d'avoir épousé, à cinquante-quatre ans, sa cousine Blanche qui n'en avait que dix-sept, et passait pour la plus belle princesse de son temps. Voy. Brantôme, *Œuvres*, t. III, p. 241. — Mais Brachet, *Pathologie des rois de France*, p. 462, n'est pas de cet avis.

Femmes :

Jeanne *de Bourgogne*, fille de Robert II, duc de Bourgogne. — Mariée en juillet 1313. — Morte à Paris le 12 septembre 1348.

Blanche *de Navarre*, dite aussi d'*Évreux*, fille de Philippe d'Évreux et de Jeanne de France, reine de Navarre. — Mariée le 29 janvier 1349. — Morte, à Neauphle-le-Château, le 5 octobre 1398.

Enfants :

De Jeanne de Bourgogne :

JEAN II.

Marie. Mariée, le 8 juillet 1332, avec Jean de Brabant, duc de Limbourg. — Morte le 22 septembre 1333.

Louis. Né à Vincennes le 17 janvier 1328. — Mort le même jour.

Louis. Né le 8 juin 1330. — Mort le 23 du même mois.

Jean. Mort en bas âge, le 2 octobre 1333.

Philippe, duc d'Orléans et de Touraine. Né à Vincennes le 1er juillet 1336. — Marié, en 1345, avec Blanche de Beaumont, fille posthume de Charles IV. — Mort, à Vincennes, le 1er septembre 1375. — Il eut deux enfants naturels : N., dit *le bâtard d'Orléans*, mort vers 1380, et Louis d'Orléans, devenu évêque de Beauvais, mort en 1397.

De Blanche de Navarre :

Jeanne, dite Blanche. Née posthume en mai 1351. — Morte à Béziers le 16 septembre 1371.

Enfant naturel :

Jean, comte d'Armagnac. Mort après 1350.

XVII. — JEAN II

Dit *le Bon* [1].
Fils de Philippe VI et de Jeanne de Bourgogne.
Né [2], croit-on, le 26 avril 1319.
D'abord duc de Normandie et de Guyenne.
Roi le 22 août 1350.
Sacré à Reims le 26 septembre 1350.
Mort [3] à Londres le 8 avril 1364, vers minuit.
Enterré à Saint-Denis [4].

Femmes :

Bonne *de Luxembourg*, fille de Jean de Luxembourg, roi de Bohême. — Mariée à Melun en mai 1332. — Morte, à l'abbaye de Maubuisson, le 11 septembre 1349 [5].

Jeanne *de Boulogne* ou *d'Auvergne*, fille de Guillaume, comte de Boulogne et d'Auvergne. — Mariée, à Nanterre, le 19 février 1350. — Morte le 21 novembre 1361.

Enfants :

Tous de Bonne de Luxembourg :

CHARLES V.

Louis, duc d'Anjou. — Né à Vincennes le 23 juillet 1339. — Marié en 1360, avec Marie de Châtillon, dite de Blois. — Régent de France en 1380. — Roi de Naples

---

1 *Joannes Bonus.*

2 On ne sait où, mais il paraît avoir été baptisé au Mans.

3 « Des suites d'une affection non définie ». Brachet, *Pathologie*, p. 489.

4 En 1351 ou 1352, il institua l'ordre de l'Étoile, qui avait pour emblème une étoile, avec les mots : *Monstrant regibus astra viam.*
Il avait choisi pour couleurs le bleu et le rouge.

5 Étant morte avant l'avènement de son mari, elle n'eut jamais titre de reine.

et de Sicile le 30 mai 1382. — Mort à Biseglia, près de Bari, le 20 septembre 1384.

JEAN, comte de Poitou, duc de Berri et d'Auvergne. — Né à Vincennes le 30 novembre 1340. — Mort à Paris le 15 juin 1416.

PHILIPPE *le Hardi*, duc de Touraine, puis duc de Bourgogne, tige des derniers ducs de Bourgogne [1]. — Né le 15 janvier 1342. — Marié avec Marguerite de Flandre le 19 juin 1369. — Mort au château de Hall, dans le Hainaut, le 27 avril 1404.

JEANNE. Née, à Châteauneuf-sur-Loire, le 24 juin 1343. — Mariée en 1353 avec Charles le Mauvais, roi de Navarre. — Morte à Évreux le 3 novembre 1373.

---

[1] Eude IV, duc de Bourgogne († 1350), eut pour successeur son fils Philippe, dit de Rouvre, dont la mère, Jeanne de Boulogne, épousa en secondes noces le roi Jean II.

A la mort de Philippe de Rouvre, décédé sans enfant en 1361, Jean II réunit la Bourgogne à la France.

Fort imprudemment, il la donna, trois ans après à Philippe le Hardi, son quatrième fils, dont la postérité conserva cette couronne jusqu'à Marie, fille de Charles le Téméraire, qui épousa en 1477 Maximilien, archiduc d'Autriche, grand-père de Charles-Quint. Le duché et le comté de Bourgogne, étant fiefs mâles, revinrent alors à la France.

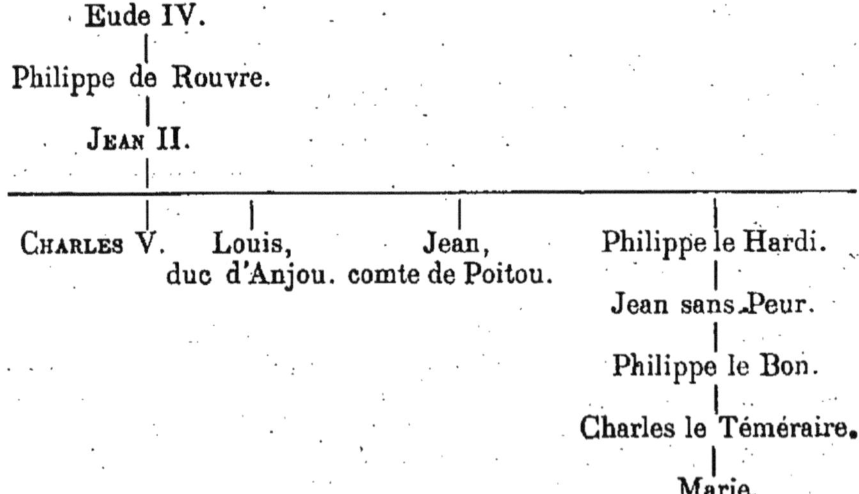

Marie. Née à Saint-Germain-en-Laye le 12 septembre 1344. — Mariée avec Robert Ier, duc de Bar. — Morte en octobre 1404.

Agnès. Née à Saint-Germain en Laye le 9 décembre 1345. — Morte à Paris en avril 1349.

Marguerite. Née au Louvre le 20 septembre 1347. — Religieuse au couvent des Dominicaines de Poissy. — Morte le 25 avril 1356.

Isabelle. Née à Vincennes le 1er octobre 1348. — Mariée avec Jean-Galeas Visconti en 1360. — Morte à Pavie le 11 septembre 1372.

XVIII. — CHARLES V

Dit *le Sage* ou *le Savant* [1] et *le Riche* [2].

Fils de Jean II et de Bonne de Luxembourg.

Né, au château de Vincennes, le 21 janvier 1336, 1337 ou 1338 [3].

D'abord duc de Normandie.

Roi le 8 avril 1364.

Sacré à Reims le 19 mai 1364.

---

1 *Carolus Sapiens.*

2 Voy. l'*Annuaire de la société de l'histoire de France*, année 1837, p. 53.

3 Voy. R. Delachenal, *Date de la naissance de Charles V*, dans la *Bibliothèque de l'école des chartes*, t. LXIV (1903), p. 94. — Suivant Christine de Pisan, Charles V naquit « le jour saincte Agnès, vingt et unième de janvier, en l'an de grâce 1336 ». (*Livre des fais et bonnes meurs du roy Charles*, édit. Michaud, p. 595).

Mort, de cachexie goutteuse [1], au château de Beauté, à Vincennes, le 16 septembre 1380.

Enterré à Saint-Denis [2].

Femme :

JEANNE *de Bourbon*, fille de Pierre Ier, duc de Bourbon. — Née à Vincennes le 3 février 1338. — Mariée le 8 août [3] 1350. — Morte en couches en 1377.

Enfants :

JEANNE. Née en septembre 1357. — Morte à l'abbaye de Saint-Antoine, à Paris, le 21 octobre 1360.

BONNE. Morte en bas âge, à Paris, le 7 novembre 1360.

JEANNE. Née à Vincennes le 7 juin 1366. — Morte le 21 décembre de la même année.

CHARLES VI.

MARIE. Née à Paris le 27 février 1370. — Morte en 1377.

---

1 A. Brachet, p. 572.

2 Il avait pris pour couleurs le rouge, le bleu (couleurs de Paris) et le blanc ; pour devise un cerf-volant (Voy. le *Dictionnaire critique* de Jal, p. 492 et 493).

Charles V est le premier fils de France qui ait pris dans des actes le titre de *Dauphin* (*Bibliothèque de l'école des chartes*, t. I, (1839), p. 283).

Le plus ancien autographe royal que l'on connaisse est une lettre de Charles V, datée du 7 décembre 1367 et adressée à son trésorier. Elle est conservée aux Archives nationales. (Ch. d'Héricault, *Histoire de France*, t. I, p. 453).

Charles V décida, en août 1374, que les rois seraient désormais majeurs à quatorze ans (Dans Isambert, *Anciennes lois*, t. V, p. 415), règle qui, à une ou deux exceptions près, fut désormais observée. Philippe Auguste et saint Louis avaient été déclarés majeurs à vingt et un ans, bien qu'un édit d'octobre 1270 eut déjà fixé à quatorze ans l'âge de la majorité royale. — En général, au moyen âge, l'on était majeur à vingt-cinq ans seulement.

3 Et non en avril, comme l'écrit le P. Anselme.

LOUIS, duc d'Orléans. Né à l'hôtel Saint-Paul, à Paris, le 13 mars 1372. — D'abord comte de Beaumont et de Valois, puis duc de Touraine et d'Orléans. — Tige de la branche royale des Valois-Orléans et des Valois-Angoulême [1]. — Marié en 1389 avec Valentine de Milan, dont il eut huit enfants. — Leur fils aîné, Charles, duc d'Orléans, fut père du roi Louis XII ; le cinquième, Jean, comte d'Angoulême, fut le grand-père du roi François Ier. — Louis d'Orléans mourut assassiné à Paris [2] le 23 novembre 1407.

ISABELLE. Née à l'hôtel Saint-Paul, le 24 juillet 1373. — Morte en février 1377.

CATHERINE. Née le 4 février 1377. — Mariée en août 1386 avec Jean, duc de Berri, comte de Montpensier. — Morte en octobre 1388.

JEAN. Mort en bas âge.

XIX. — CHARLES VI

Dit *l'Insensé* et *le Bien aimé*.
Fils de Charles V et de Jeanne de Bourbon.
Né à Paris le 3 décembre 1368 [3].
Roi [4] le 16 septembre 1380.
Sacré à Reims le 4 novembre 1380.

---

1 Voy. le tableau nº 2.

2 Rue Vieille-du-Temple, près de la porte Barbette.

3 « Le dimanche, tiers jour du mois de décembre l'an 1368, en la tierce heure après mienuit, la royne Jeanne eut son premier fils en l'hostel de emprès Sainct-Pol à Paris » (*Chroniques de Saint-Denis*, édit. P. Paris, t. V, p. 266).

4 Sous la régence de ses oncles, fils de Jean II : le duc d'Anjou, le duc de Berri et le duc de Bourgogne.

Mort à Paris, à l'hôtel Saint-Paul, le 21 ou le 22 [1] octobre 1422.

Enterré à Saint-Denis [2].

Femme :

ÉLISABETH, ISABEL ou ISABEAU *de Bavière*, fille d'Étienne II, duc de Bavière. — Née en 1371. — Mariée à Amiens le 17 juillet 1385. — Morte, à l'hôtel Saint-Paul, le 29 septembre 1435 [3].

Enfants : [4]

CHARLES. Né à Vincennes le 25 septembre 1386. — Mort à Vincennes le 28 décembre suivant. — Enterré à Saint-Denis.

JEANNE. Née à la maison de Saint-Ouen, près de Saint-Denis, le 14 juin 1388. — Morte en 1390. — Enterrée à l'abbaye de Maubuisson.

---

[1] « Le 22e jour du mois d'octobre, jour des onze mille vierges, » dit Monstrelet (chap. CCLXII, t. IV, p. 120). Mais c'était le 21 que l'Église honorait les onze mille vierges.

[2] Charles VI réduisit à trois les fleurs de lis d'or sans nombre qui constituaient les armoiries royales (P. Palliot, *Science des armoiries*, p. 39). Au reste, pendant les guerres qui ensanglantèrent son règne, ses monnaies furent souvent remplacées par celles de Henri VI, portant accolés les écussons de France et d'Angleterre.

Dans ses livrées, se mélangeaient le blanc, le rouge, le vert et le noir. Comme à son père, on lui attribue pour devise le cerf-volant (Voy. Jouvenel des Ursins, *Histoire de Charles VI*, édit. Michaud, p. 344). Il en eut plusieurs autres, caractérisées par les mots *espérance, la plus belle, jamais, j'aime, attendant*, etc., dont il est impossible de préciser le sens. (Voy. A. Jal, *Dictionnaire critique*, p. 364, 437, 492 et 893).

[3] Durant la démence du roi, les actes émanant du conseil de régence débutaient par cette formule : « Isabelle, par la grâce de Dieu reine de France, ayant, pour l'occupation de M. le Roy, le gouvernement et administration du royaume ». (N. de Wailly *Paléographie*, t. I, p. 276).

[4] Voy. *Notes sur l'état civil des princesses nées de Charles VI et d'Isabeau de Bavière*, dans la *Bibliothèque de l'école des chartes*, t. XIX (1868), p. 473.

Isabelle *d'Orléans*. Née au Louvre le 9 novembre 1389, à deux heures du matin. — Mariée avec Richard II, roi d'Angleterre, le 1er novembre 1396. — Remariée, le 29 juin 1406, avec Charles, comte d'Angoulême, puis duc d'Orléans. — Morte en couches, à Blois, le 13 septembre 1409.

Jeanne. Née au château de Melun, le 24 janvier 1391. — Mariée au Louvre, le 30 juillet 1397, avec Jean VI, comte de Montfort. — Morte à Vannes le 27 septembre 1433.

Charles, duc de Guyenne. Né à l'hôtel Saint-Paul le 6 février 1392. — Mort le 13 janvier 1401.

Marie. Née, à l'hôtel Saint-Paul ou à Vincennes, le 22 ou le 24 août 1393. — Morte, prieure du couvent de Poissy, le 19 août 1438.

Michelle. Nommée ainsi à cause de la dévotion spéciale que le roi portait à saint Michel. — Née à l'hôtel Saint-Paul le 11 ou le 12 janvier 1395. — Mariée avec Philippe le Bon, duc de Bourgogne. — Morte à Gand en 1422.

Louis, duc de Guyenne. Né à l'hôtel Saint-Paul le 22 janvier 1397. — Marié avec Marguerite, fille aînée de Jean, duc de Bourgogne, le 30 août 1404 [1]. — Mort à Paris le 28 décembre 1415. — Enterré à l'abbaye de Saint-Denis.

Jean, duc de Touraine et de Berri, comte de Poitou. — Né, à l'hôtel Saint-Paul, le 31 août 1398, à cinq heures du soir. — Marié à Compiègne, le 24 juin 1406, avec Jacqueline de Bavière. — Mort à Compiègne le 4 ou le 5 avril 1417.

Catherine, Née à l'hôtel Saint-Paul, le 27 octobre 1401. — Mariée, le 2 juin 1420, avec Henri V, roi d'Angleterre.—Remariée avec Owen Tudor, gentilhomme

---

[1] On dit que ce mariage fut consommé dès le mois de juin 1409.

du pays de Galles. — Morte en Angleterre en 1438. — Enterrée à Westminster.

CHARLES VII.

PHILIPPE. Né à l'hôtel Barbette le 10 septembre 1407. — Mort le même jour.

Enfant naturel :

D'Odette ou Odinette de Champdivers[1] :

MARGUERITE *de Valois*, dame de Belleville. — Née vers 1407. — Légitimée en 1428, et mariée avec Jean de Harpedenne, seigneur de Belleville, dans le Poitou. — Morte en 1458, laissant une postérité qui s'éteignit à la quatrième génération, en la personne de Claude, seigneur de Belleville, tué à Coutras en 1587.

XX. — CHARLES VII

Dit le *Victorieux* et le *Bien servi*.

Cinquième fils de Charles VI et d'Isabeau de Bavière[2].

---

[1] Dite *la petite reine*. Née vers 1390, morte après 1424.

[2] Sa légitimité a été fort contestée.

« Le roy d'Angleterre (Henri V), écrit Brantôme (*Œuvres*, t. II, p. 358), disoit haut et clair que le roy Charles VIIe estoit fils d'un adultère incestueux », et qu'il avait pour père Louis, duc d'Orléans, frère du roi. Étant donné le caractère du duc et celui de la reine, le fait n'a rien que de très vraisemblable.

Mais il y a plus, Charles VII lui-même, a-t-on prétendu, ne se croyait pas fils légitime. Le jour où Jeanne d'Arc se présenta devant lui comme une pauvre petite bergerette « una paupercula bergereta » (J. Quicherat, *Procès de Jeanne d'Arc*, t. III, p. 17), elle l'aborda par ces mots : « Gentil Dauphin, j'ay nom Jehanne la Pucelle, et vous mande par ma voix le roy des cieulx », que

Né à l'hôtel Saint-Paul, le 21 ou le 22 février 1403, à deux heures du matin.

D'abord comte de Ponthieu, puis duc de Touraine et de Berri.

Régent du royaume le 24 juin 1418.

Roi le 22 octobre 1422.

Couronné à Poitiers en 1422.

Sacré à Reims le 17 juillet 1429.

Mort, peut-être d'un cancer à la joue [1], au château de

---

vous serez sacré et couronné en la ville de Reims ; je vous dis de la part de Dieu, « qu'estes vray héritier de France et filz du roy » (Déposition, moitié en latin, moitié en français, de J. Pasquerel, t. III, p. 101). A ces mots, Charles VII pâlit, renvoya tous les assistants, resta seul avec la Pucelle, et lui demanda une preuve de la mission qu'elle prétendait avoir reçue. « A quoy elle respondit : « Sire, si je vous dis des choses si secrettes qu'il n'y a que Dieu et vous qui les sachiés, croirez-vous bien que je suis envoyée de par Dieu ? » Le roy respond que la Pucelle luy demande (dit à la Pucelle de l'interroger). « Sire, dit-elle alors, n'avez-vous pas bien mémoire que le jour de la Toussaint dernière, vous, estant en la chapelle du chasteau de Loches, en vostre oratoire, tout seul, vous feistes trois requestes à Dieu ? » Le roy respondit qu'il estoit bien mémoratif de luy avoir fait aucunes (quelques) requestes. Et alors la Pucelle lui demanda se jamais il avait dict et révélé lesdictes requestes à son confesseur ne à autres. Le roy dist que non. « Et se je vous dis les trois requestes que lui feistes, croirez-vous bien en mes paroles ? » Le roy respondit que ouy. Adonc la Pucelle luy dist : « Sire, la première requeste que vous feistes à Dieu fut que vous priastes que, se vous n'estiez vray héritier du royaulme de France, que ce fust son plaisir vous oster le courage de le poursuivre, affin que vous ne fussiez plus cause de faire et sustenir la guerre dont procèdent tant de maulx, pour recouvrer ledit royaulme.... » Le roy congnoissant qu'elle disoit vérité, adjousta foy en ses paroles et creut qu'elle estoit venue de par Dieu ». *Abrégé du procès*, écrit par ordre de Louis XII, dans Quicherat, t. IV, p. 258.

Sur tout ceci, voy. encore H. Martin, *Histoire de France*, t. VI, p. 153 et 582.

[1] Philippe de Comines, *Chronique*, édit. de 1747, t. II, p. 307.

Mehun-sur-Yèvre, près de Bourges, le 22 juillet 1461 [1], entre minuit et une heure du matin.

Enterré à Saint-Denis [2].

Femme :

MARIE *d'Anjou*, fille de Louis II, duc d'Anjou, roi de Naples et de Sicile. — Mariée, au château de Tours, le 18 décembre 1413 [3]. — Morte à l'abbaye de Châteliers en Poitou le 29 novembre 1463. — Enterrée à Saint-Denis.

Enfants :

LOUIS XI.

RADEGONDE. Née vers 1425. — Fiancée en 1430 avec le duc Ferdinand d'Autriche. — Morte le 19 mars 1445.

JEAN. Né et mort en 1426.

CATHERINE. Née vers 1428. — Accordée en 1439 au comte Charles de Charolais. — Morte à Bruxelles en 1446.

JEANNE. Née vers 1430. — Mariée en décembre 1446 avec Jean II, duc de Bourbon. — Morte le 3 mai 1482.

JACQUES. Né en 1432. — Mort à Tours le 2 mars 1438.

YOLANDE. Née à Tours le 23 novembre 1434. — Mariée en 1447 avec Amédée, prince de Piémont. — Morte le 29 août 1478.

---

1 « In die beatæ Mariæ Magdalenæ », écrit Th. Basin, *De rebus gestis Caroli VII*, t. I, p. 311.

2 Charles VII eut d'abord la passion du vert ; il y associa ensuite le rouge et le blanc. Il a eu pour devises le cerf-volant et les roses. (A. Jal, p. 492).

L'ordonnance rendue à Montils-les-Tours en avril 1454 prescrivit de réunir en un seul code les innombrables *coutumes* locales. (*Ordonnances des rois de France*, t. XIV, p. 312).

Charles VII interdit à ses grands vassaux d'employer la formule *par la grâce de Dieu*, qui paraît dater de la deuxième race, mais qui ne devint presque obligatoire pour le roi qu'au XVe siècle.

3 Mais le mariage ne fut consommé qu'en 1422.

Philippe. Né au château de Chinon le 4 février 1436. — Mort le 2 juin suivant.

Marguerite. Née en mai 1437. — Morte à Tours le 24 juillet 1438.

Marie. Née le 7 septembre 1438. — Morte à Tours le 14 février 1439.

Jeanne, sœur jumelle de la précédente. — Morte à Tours le 26 novembre 1446.

Madeleine. Née à Tours le 1er décembre 1443. — Mariée le 7 mars 1461 avec Gaston de Foix, prince de Viane. — Morte à Pampelune en 1486.

Charles, duc de Berri, de Normandie, puis de Guyenne. — Né à Tours le 28 décembre 1446. — Mort empoisonné à Bordeaux le 12 mai 1472.

Enfants naturels :

D'Agnès Sorel, morte le 9 février 1450 :

Charlotte. Née en.... [1]. — Mariée avec Jacques de Brézé, grand sénéchal de Normandie. — Tuée par son mari le 13 juin 1476.

Marie. Née en .... — Reconnue en novembre 1458 par son père, qui lui donna le nom de Valois. — Mariée en même temps à Olivier de Coëtivy, comte de Taillebourg, sénéchal de Guyenne et frère de l'amiral Prégent de Coëtivy. — Morte vers 1473.

Jeanne. Née au château de Beauté-sur-Marne en .... — Mariée en 1461 à Antoine de Bueil, comte de Sancerre, amiral de France. — Morte après 1467.

N., morte en 1450, à l'âge de six mois.

---

[1] On a fait naître Charlotte en 1434, Marie en 1436 et Jeanne en 1455.

Ces dates, les deux premières au moins, sont évidemment fausses, puisque la liaison du roi avec Agnès date de 1443 au plus tôt.

Voy. sur ce point : Du Fresne de Beaucourt, *Histoire de Charles VII*, t. III, p. 288. — Vallet de Viriville, dans la *Bibliothèque de l'école des chartes*, année 1849, p. 477.

XXI. — LOUIS XI

Dit *le Prudent*.

Fils de Charles VIII et de Marie d'Anjou.

Né, dans le palais archiépiscopal de Bourges, le 3 juillet 1423 [1], vers cinq heures du soir.

Roi le 22 juillet 1461.

Sacré à Reims le 15 août 1461.

Mort, au Plessis-les-Tours, le samedi 30 août 1483, vers sept heures du soir.

Enterré à Notre-Dame de Cléry [2].

Femmes :

MARGUERITE *d'Écosse*, fille de Jacques Ier, roi d'Écosse. — Mariée à Tours le 24 juin 1436. — Dite *Madame la Dauphine*, car elle ne fut jamais reine, puisqu'elle mourut, à Châlons-sur-Marne, le 16 août 1445.

---

[1] Voy. la *Bibliothèque de l'école des chartes*, t. XXXIX (1878), p. 586.

[2] Louis XI eut pour couleurs, comme son père, le rouge, le blanc et le vert ; mais il remplaça parfois le vert par le noir.

Il prit pour devise un cerf-volant, un soleil, etc. Sa fille Anne de Beaujeu, qui fut régente pendant la minorité de Charles VIII, avait adopté pour devise une nuée d'azur, d'où sortaient des langues de feu ; au centre, un cerf-volant portait le mot espérance.

Louis XI créa (1er août 1469), l'ordre de Saint-Michel. Le collier, terminé par une image de saint Michel terrassant le démon, était composé de coquilles entrelacées, etc. (Voy. Brantôme, t. V, p. 96 et suiv.). Bien que fort discrédité par la suite, cet ordre existait encore au moment de la Révolution. (Voy. ci-dessous p. 71 et 106).

C'est sous Louis XI que le titre de *roi très chrétien* est devenu presque régulièrement (Charles V, Charles VI et Charles VII l'avaient pris parfois) la qualification des rois de France. On commença aussi à leur donner alors le titre de *Majesté*. (N. de Wailly, t. I, p. 338).

CHARLOTTE *de Savoie*, fille de Louis, duc de Savoie. — Mariée à Chambéry le 14 février 1451. — Morte à Amboise le 1er décembre 1483.

Enfants :

Tous de Charlotte de Savoie :

LOUIS. Né en 1458. — Mort en bas âge.

JOACHIM. Né à Namur le 27 juillet 1459. — Mort le 20 novembre suivant.

LOUISE. Née à Geneppe, près de Bruxelles, en mai 1460. — Morte en bas âge.

ANNE *de Beaujeu*. Née vers 1462. — Mariée le 13 novembre 1473, avec Pierre II, duc de Bourbon, seigneur de Beaujeu. — Morte le 4 novembre 1522.

JEANNE, duchesse de Berri, surnommée *la Boiteuse*. Née en 1464. — Mariée en 1476 au duc d'Orléans[1], devenu le roi LOUIS XII.

CHARLES VIII.

FRANÇOIS, duc de Berri. — Né à Amboise en septembre 1472. — Mort en juillet 1473.

Enfants naturels :

De Phélise Renard :

GUYETTE. Née vers 1446. — Mariée avec Charles de Seillons, secrétaire du roi.

JEANNE. Née entre 1446 et 1456. — Légitimée le 25 février 1465, et mariée avec Louis, bâtard de Bourbon, comte de Roussillon, devenu amiral de France. — Morte en 1519.

De Marguerite de Sassenage, dame de Beaumont :

MARIE. Née entre 1449 et 1451. — Mariée, en juin 1467, avec Aymar de Poitiers, seigneur de Saint-Vallier. — Morte en couches l'année suivante.

ISABEAU. Mariée avec Louis de Saint-Priest.

---

1 Voy. ci-dessous, p. 60.

XXII. — CHARLES VIII

Fils de Louis XI et de Charlotte de Savoie [1].

---

[1] Cette filiation a été fort contestée.

Louis XI était marié depuis trente-quatre-ans, et avait déjà perdu deux fils en bas âge; son frère puiné, Charles, duc de Guyenne, ne dissimulait pas des espérances dont la réalisation devenait chaque jour plus vraisemblable. Louis XI avait quarante-sept ans. Dans l'espoir d'obtenir un troisième fils, il envoyait de riches présents à mainte église, avait même fait vœu d'offrir à Notre-Dame du Puy, en Anjou, un enfant d'argent. La Providence répondit à de si belles promesses par l'envoi du pauvre personnage qui fut Charles VIII, et dont la légitimité est douteuse.

Les uns ont avancé que Louis XI l'avait eu d'une de ses maîtresses, d'autres qu'il était fils d'un boulanger d'Amboise ; la reine, disait-on, venait de mettre au monde une fille mourante, et elle consentit à y substituer ce fils étranger. Pierre Mathieu, historiographe officiel, s'efforça de réfuter sur ce point les assertions de du Haillan. Celui-ci, interrogé par Mathieu, répondit « qu'il tenoit cela de la bouche de ceux qui croyoient de le bien sçavoir, et qu'il a escrit plusieurs autres choses de pareille conséquence sur la bonne foy de la tradition ». (Pierre Mathieu, *Histoire de Louis XI,* édit. de 1610, p. 559).

Ce sont les mêmes autorités qu'invoque l'auteur d'un curieux manuscrit de la Bibliothèque nationale (*Remarques et particularitez d'histoire*, f°s 1 à 3. Fonds français, n° 19, 602). « Quelques-uns, y est-il dit, ont creu, du vivant de Charles VIII et après sa mort, qu'il n'estoit pas fils de Louis XI ny de la Reyne, mais que ce roy voyant qu'il n'avoit point d'enfans qui pussent vivre, en avoit pris un d'une pauvre femme des environs de Bloys, l'avoit supposé au berceau à la place du sien qui estoit langoureux et moribond. De fait, ce prince ne ressembloit à Louis XI ny de visage ny d'humeur. Mais ce n'estoit pas là l'origine de ce bruit. Je l'ay découverte par le procez de mort de Pierre Landais (ou Landois, favori de François II, duc de Bretagne et pendu en 1485), qui est dans les papiers de la maison de Bourbon. Dans ce procez, Pierre Landais advoue qu'il a esté porté par quelques grands à prouver que le Roy Charles avoit été supposé. Il ne spécifie point qui estoient ces grands ; sans doute qu'il les déclara, mais de pareilles choses ne se mettent jamais dans les interrogatoires. Il est aysé de voir néantmoins que c'estoit Louis, duc d'Orléans

Né, au château d'Amboise, le samedi 30 juin 1470 [1], vers trois heures du matin.

Roi le 30 août 1483, sous la régence de sa sœur Anne de Beaujeu.

Sacré à Reims le 14 mai 1484.

Mort, sans doute d'apoplexie, à Amboise le 7 avril 1498.

Enterré à Saint-Denis [2].

Femme :

Anne *de Bretagne* [3], fille et héritière de François II, duc de Bretagne. — Née à Nantes, le 24 janvier 1476. — Mariée le 6 décembre 1491. — Veuve le

---

(Louis XII) à qui la couronne appartenoit après luy, ou du moins son conseil et ceux de son party. Il ne dit point non plus de quels moyens, ny de quels témoignages il vouloit se servir pour prouver cette supposition ; et quand il les auroit déclarez, les juges n'avoient garde de les mettre par escrit ».

1 « Le samedi, derrenier jour de juing 1470, environ deux et trois heures de matin, la royne accoucha au château d'Amboise d'un beau filz ». (Jean de Roye, *Chronique,* édit. Mandrot, p. 241).

2 Il eut d'abord un goût singulier pour le rouge et le jaune. (*Bibliothèque de l'école des chartes,* an. 1849, p. 163). Après son mariage, il unit au violet le blanc, une des couleurs d'Anne de Bretagne, qui portait rouge, noir et blanc. — Sur ses devises, voy. le *Dictionnaire critique* de Jal, p. 437 et 492. — Brantôme lui attribue les mots *Loz en croissant*, et ajoute ce commentaire : « Si son aage eust creu de plus, son loz (sa gloire) eust encores creu davantage ». (*Œuvres,* t. II, p. 330).

Charles VIII prit souvent le titre de *roi des François, de Jérusalem et de Sicile.* (N. de Wailly, *Paléographie*, t. I, p. 278).

C'est de ce règne, non de celui de François Ier, que datent les formules *Car ainsi nous plaist* et *Car tel est nostre plaisir* qui terminent les ordonnances, déclarations et édits royaux. On rencontre très rarement *nostre bon plaisir,* et le mot plaisir ici viendrait du latin *placitum,* qui signifie volonté, ordre, etc.

3 Charles VIII fut d'abord fiancé à la fille de l'empereur Maximilien (Marguerite d'Autriche), qui avait été élevée à la cour de France, où on la nommait *Madame la Dauphine.*

7 avril 1498 [1]. — Remariée, le 8 janvier 1499, avec le roi Louis XII. — Morte à Blois le 9 janvier 1514.

Enfants :

Charles-Orland, comte de Valentinois et de Diois. — Né, au château du Plessis, le 10 octobre 1492. — Baptisé, le 13 du même mois, en présence de saint François de Paule, à qui il dut ses noms [2]. — Mort à Amboise le 6 décembre 1495.

Charles. Né, au château de Montils-les-Tours, le 8 septembre 1496. — Mort le 3 octobre de la même année.

François. Né et mort en 1497.

Anne. Née en 1498. — Morte jeune.

Enfant naturel :

Camille Palvoisin. Il vivait à Venise en 1546.

Charles ne laissait pas de fils. Cette fois encore [3], la loi salique fut appliquée, et la couronne passa à la branche

---

[1] Anne fut en proie à un violent désespoir. Pour indiquer qu'elle se vouait désormais à la vie austère des religieuses, elle entoura ses armoiries (une hermine, avec ces mots *A ma vie*) d'une cordelière, coutume que les veuves ont conservée ; elle voulut aussi porter le deuil, non en blanc, suivant l'usage, mais en noir. On a dit aussi que la cordelière adoptée par elle était seulement une marque de dévotion consacrée par sa famille au fondateur des cordeliers, saint François d'Assise, et qui remontait à François Ier, duc de Bretagne, aïeul de Jeanne. — Si elle épousa le successeur de ce mari si regretté, c'est qu'il fallait avant tout conserver à la France la Bretagne. (Voy. ci-dessous, p. 58). Il faut pourtant remarquer qu'elle agit avec une hâte singulière, car c'est neuf mois presque jour pour jour après la mort de Charles VIII qu'elle épousa Louis XII.

[2] Une relation de ce baptême, contemporaine du fait, a été publiée dans la *Bibliothèque de l'école des chartes*, t. LIX (1898), p. 824.

[3] Voy. ci-dessus, p. 33, 34 et 39.

cadette des Valois, à Louis XII duc d'Orléans, descendant du roi Charles V.

Voici comment s'établit la filiation de Louis XII et de François Ier, son successeur :

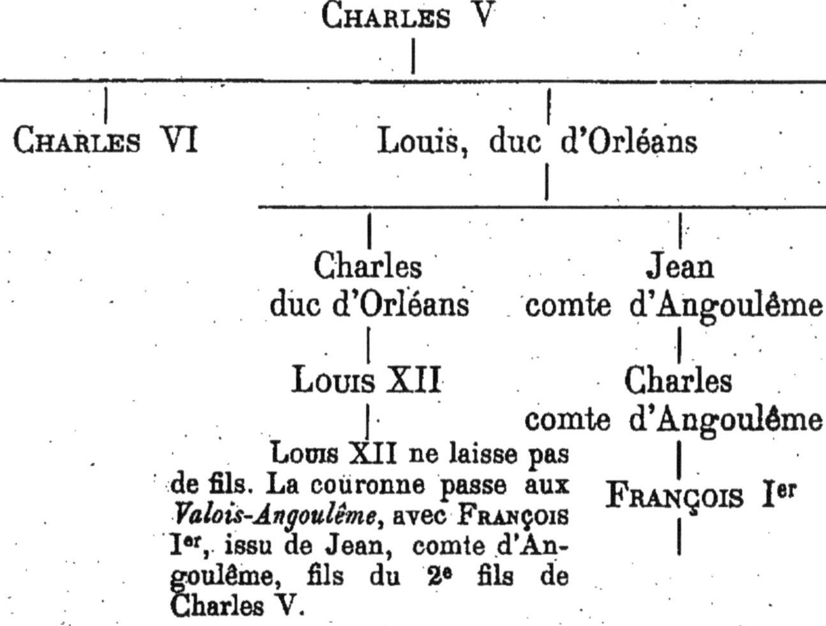

On voit ici clairement que Louis XII était arrière-petit-fils de Charles V, et que François Ier s'en éloignait d'un degré de plus.

Louis XII en montant sur le trône ajoutait au domaine royal les domaines de la maison d'Orléans. Mais la mort de Charles VIII semblait devoir enlever à la France toute la Bretagne, qu'Anne avait apportée à son mari.

En effet, dès que Charles VIII reposa dans les caveaux de Saint-Denis, Anne retourna à Nantes et se remit en pleine possession de sa souveraineté. Heureusement, un article de son contrat de mariage ne l'autorisait à convoler en secondes noces qu'avec le successeur de son mari ou avec l'héritier présomptif de la couronne de France [1].

---

[1] B. d'Argentré, *Histoire de Bretagne*, p. 1130.

Mais Louis XII était marié depuis vingt-deux ans avec une fille de Louis XI, et n'en avait pas eu d'enfant. On prétendit alors que le mariage n'avait pas été consommé, et le pape Alexandre VI consentit à l'annuler. De sorte que neuf mois, presque jour pour jour, après le décès de Charles VIII, sa veuve épousait Louis XII.

A la mort d'Anne, le duché de Bretagne revenait à sa fille Claude ; on eut soin d'unir celle-ci au comte d'Angoulême (le futur roi François Ier), qui, après le décès de Claude, obtint des États de Bretagne la réunion du duché à la couronne de France.

III

BRANCHE DES VALOIS-ORLÉANS

XXIII. — LOUIS XII

Dit *le Père du peuple* [1].
Fils de Charles, duc d'Orléans, et de Marie de Clèves [2].
Né à Blois le 27 juin 1462, à cinq heures du matin.
D'abord duc d'Orléans.
Roi le 7 avril 1498.
Sacré à Reims le 27 mai 1498.

---

1 Il sollicita ce titre des États généraux qu'il convoqua à Tours en 1484.

2 Petite-fille de Jean-sans-peur. Elle mourut en 1487.

Mort [1], au palais des Tournelles, le 1er janvier 1515. Enterré à Saint-Denis [2].

La branche des Valois-Orléans commença et finit avec lui.

Femmes :

JEANNE, duchesse de Berri, fille de Louis XI et de Charlotte de Savoie. — Née le 23 avril 1464. — Mariée le 8 septembre 1476. — Répudiée le 12 décembre 1498. — Morte à Bourges le 4 février 1505. — Béatifiée par Benoît XIV en 1743.

ANNE *de Bretagne*, [3], veuve de Charles VIII. — Mariée à Nantes le 8 janvier 1499. — Morte à Blois le 9 janvier 1514. — Enterrée à Saint-Denis.

---

1 Sur les causes de sa mort, Voy. Brantôme, *Œuvres*, t. II, p. 369 ; t. III, p. 243 ; t. VII, p. 330, et t. IX, p. 641. « La belle Marie d'Angleterre fut cause de sa mort », écrit-il. Voy. ci-dessus la note 4, p. 40.

2 Louis XII est le premier roi de France qui ait fait graver son buste sur la monnaie ; de là est venu le nom de *teston* (pièce avec tête).

Sa livrée fut d'abord rouge et jaune. Il y ajouta le blanc après son mariage avec Anne.

Il eut pour principale devise un porc-épic, emblème de la ville de Blois, avec les mots *cominus* et *eminus*, qui signifient de près et de loin ; « Comme voulant dire, écrit Brantôme (t. II, p. 366), que de prez et de loing, il nuisoit, comme le porc-épic, qui darde ses piceons (piquants) à ceux qui lui veulent nuire ». On croyait alors que cet animal avait le don de darder ses épines comme des flèches. (Voy. A. F., *Les animaux*, t. I, p. 132). Le grand-père de Louis XII, le duc Louis d'Orléans, avait créé (en 1393) *l'ordre du Camail* ou *du Porc-épic*, dont l'insigne était une chaine d'or, où pendait un porc-épic de même métal.

Au temps où Louis XII était encore duc d'Orléans, il intitulait ainsi ses lettres patentes : « Loys, duc d'Orléans, de Milan et de Valois, comte de Parme et de Beaumont, seigneur d'Asti et de Coucy, et de la terre et seigneurie de Villiers-le-Chastel, etc. ». Devenu roi, il employa la formule ordinaire : « Loys, par la grâce de Dieu roy de France, de Sicile, de Jérusalem, duc de Milan, etc. ».

3 Voy. ci-dessus.

Marie *d'Angleterre*, sœur du roi d'Angleterre Henri VIII. — Née en 1497. — Mariée à Abbeville le 9 octobre 1514. — Couronnée le 5 novembre. — Veuve le 1er janvier 1515. — Remariée à Paris avec Charles Brandon, duc de Suffolk le 31 mars 1515. — Morte à Londres le 23 juin 1534.

Enfants :

Tous d'Anne de Bretagne :

Claude. Mariée au duc d'Angoulême devenu François Ier.

N., Né vers 1500, mort en bas âge.

N., Né le 20 janvier 1502, mort en bas âge.

Renée, duchesse de Chartres et de Montargis. — Née à Blois le 25 octobre 1510. — Mariée le 28 juin 1528 avec Hercule d'Este, duc de Ferrare. — Morte à Montargis le 15 juin 1575.

N., Né le 21 janvier 1512. — Mort en bas âge.

Enfant naturel :

Michel de Bucy, archevêque de Bourges en 1506. — Mort le 8 février 1511.

IV

BRANCHE DES VALOIS-ANGOULÊME

Louis XII ne laissait pas de fils. La couronne passa aux Valois-Angoulême avec François Ier, cousin de Louis XII, comme issu de Charles, comte d'Angoulême, arrière-petit-fils de Charles V [1].

XXIV. — FRANÇOIS Ier

Dit *le Père et le Restaurateur des lettres*, *le Grand Colas*, *le Bonhomme Colas*, *François au grand nez* [2].

Fils de Charles, comte d'Angoulême, arrière-petit-fils de Charles V et de Louise de Savoie, fille de Philippe II, duc de Savoie.

Né à Cognac le 12 septembre 1494, vers dix heures du soir [3].

---

[1] Voy. ci-dessus p. 58.

[2] « Jay vu, en ma jeunesse, force vieux seigneurs et dames de sa cour, qui l'apeloyent ainsi en voyant son portrait ». Brantôme, *Œuvres*, t. I, p. 129. Voy. aussi t. X, p. 112.

[3] « François, par la grâce de Dieu roi de France et mon César pacifique, print la première expérience de lumière mondaine à Congnac, environ dix heures après midi 1494, le douzième jour de septembre ». (*Journal* de Louise de Savoie, édit. Michaud, p. 87).

D'abord comte d'Angoulême, puis duc de Valois.
Roi le 1er janvier 1515.
Sacré à Reims le 25 janvier 1515.
Mort à Rambouillet le 31 mars 1547 [1].
Enterré à Saint-Denis [2].

---

[1] Trois vers célèbres ont appris à tous que François Ier mourut au château de Rambouillet, en 1547, de la syphilis. L'assertion est contestable. Qu'il ait contracté très jeune cette maladie, cela n'est point douteux; qu'il l'ait transmise à la reine, Brantôme seul l'affirme. (*Œuvres*, t. VIII, p. 107). Mais on soignait déjà la syphilis, on connaissait déjà les propriétés du mercure, et Paracelse entre autres l'administrait avec une redoutable prodigalité. La guérissait-il? Oui, à cela près que, comme aujourd'hui d'ailleurs, il en restait toujours quelque chose, et Brantôme a raison d'écrire qu'« elle advança les jours du roi ». (Voy. aussi les *Mémoires* de Tavannes, édit. Michaud, p. 136). Lui-même en convenait : « Les excès de la jeunesse et de la volupté l'affligoient de langueurs incurables et tiroient souvent de sa bouche cette confession que Dieu le punissoit par où il l'avoit offensé ». (Pierre Mathieu, *Histoire de France*, t. I, p. 28). — Un savant spécialiste, M. le docteur Cullerier, chirurgien de l'hôpital du Midi, nie que François Ier ait succombé aux suites de la syphilis; il attribue sa mort à « une affection des voies urinaires, avec abcès dans les environs du canal de l'urètre, accompagné probablement d'une fistule urinaire ». Voy. *De quelle maladie est mort François Ier?* dans la *Gazette hebdomadaire de médecine*, n° du 5 décembre 1856.

[2] François Ier eut pour principale devise une salamandre au milieu des flammes, avec ces mots *nutrisco et exstinguo* (je m'en nourris et je l'éteins). Pour sa livrée, il adopta d'abord le bleu, le vermeil et le tanné; il préféra ensuite le violet, le jaune et l'incarnat. Sa sœur Marguerite choisit le blanc. (Brantôme, t. X, p. 413).

François Ier est le premier qui, d'une façon régulière, ait pris le titre de *roi très chrétien*. Ses actes latins commencent ordinairement par une de ces deux formules : « Franciscus, Dei gratia rex Francorum, dux Mediolani et Genuæ dominus,... » Ou encore : « Franciscus, Dei gratia Francorum rex christianissimus.... » Dans les actes français, il prend toujours le titre de *roi de France*. (N. de Wailly, *Paléographie*, t. I, p. 296).

C'est François Ier qui conclut le traité resté en vigueur jusqu'à la Révolution, en vertu duquel la Suisse devait fournir à la France autant de troupes que celle-ci en voudrait payer.

Femmes :

CLAUDE, fille de Louis XII et d'Anne de Bretagne. — Née à Romorantin le 14 octobre 1499. — Mariée à Saint-Germain en Laye le 18 mai 1514 [1]. — Morte à Blois le 20 juillet 1524. — Enterrée à Saint-Denis.

ÉLÉONORE *d'Autriche*, sœur de l'empereur Charles-Quint, veuve d'Emmanuel le Grand, roi de Portugal. — Mariée le 8 juillet 1530. — Sacrée le 5 mars 1531. — Morte à Talavera, en Espagne, le 18 février 1558.

Enfants :

Tous de Claude :

LOUISE. Née au château d'Amboise le 19 août 1515. — Morte le 21 septembre 1517.

CHARLOTTE. Née à Amboise le 23 octobre 1516. — Morte à Blois le 8 septembre 1524.

FRANÇOIS, duc de Bretagne. Né à Amboise le 28 février 1518. — Mort au château de Tournon le 10 août 1536.

HENRI II.

MADELEINE. Née à Saint-Germain en Laye le 10 août 1520. — Mariée le 1er janvier 1537 avec Jacques V roi d'Écosse. — Morte à Édimbourg le 2 juillet 1537 [2].

CHARLES, duc d'Orléans, de Bourbon, d'Angoulême et de Châtellerault, comte de Clermont et de la Marche. — Né à Saint-Germain en Laye le 22 janvier 1522. — Mort à l'abbaye de Faremoutiers le 9 septembre 1545.

MARGUERITE, duchesse de Berri. — Née à Saint-Germain en Laye le 5 juin 1523. — Mariée en avril 1559 avec Emmanuel-Philibert, duc de Savoie. — Morte à Turin le 14 septembre 1574.

---

[1] Elle avait été d'abord fiancée à Charles-Quint.

[2] Jacques V se remaria, en 1539 avec Marie de Lorraine, fille du duc de Guise, dont il eut une fille qui fut Marie Stuart.

Enfant naturel :

NICOLAS DE TOUTEVILLE, seigneur de Villeconnin, gentilhomme de la chambre du roi. — Mort à Constantinople en février 1567 [1].

XXV. — HENRI II

Fils de François Ier et de Claude de France [2]. Né Saint-Germain en Laye le jeudi 31 mars 1519.

D'abord duc d'Orléans.

Roi le 31 mars 1547.

Sacré à Reims le 25 juillet 1547.

Mort [3] au château des Tournelles, à Paris, le 10 juillet 1559.

Enterré à Saint-Denis [4].

---

1 Brantôme, *Œuvres*, t. IV. p. 308 et t. V, p. 406. — Il est souvent appelé par erreur VILLECOUVIN.

2 On appelait ENFANTS DE FRANCE les fils, filles, petits-fils, petites-filles, neveux et nièces du roi. Les frères et sœurs du Dauphin appelé au trône conservaient leur titre et le transmettaient à leurs enfants. Les autres membres de la famille royale étaient dits seulement PRINCES et PRINCESSES DU SANG.

Les Enfants de France étaient ducs d'Orléans, de Bourgogne, de Normandie, d'Anjou, d'Alençon, de Valois, de Touraine, de Bretagne, de Berri, etc. Ainsi que le roi, ils signaient seulement leur prénom, suivi des mots *de France*.

Depuis Charles V (Voy. ci-dessus, p. 45), le fils aîné du roi porta le nom de DAUPHIN ; cependant le fils aîné de Louis XIV fut presque toujours désigné sous le titre de *Monseigneur*. Le frère aîné du dauphin était dit MONSIEUR, sans autre qualité.

3 Blessé dans un tournoi, le 30 juin, par Gabriel de Montgomery, sieur de Lorges.

4 Dans sa jeunesse, Henri II prit pour devise une pleine lune, avec ces mots : « Cum plena, est emula solis ». (Quand elle est pleine, elle est rivale du soleil). Il se contenta ensuite d'un croissant accompagné des mots : « Donec totum impleat orbem »,

Femme :

Catherine *de Médicis*, fille de Laurent de Médicis, duc d'Urbin. — Née à Florence le 13 avril 1519. — Mariée le 28 octobre 1533. — Sacrée à Saint-Denis le 10 juin 1549. — Morte à Blois le 5 janvier 1589 [1].

Enfants :

FRANÇOIS II.

Élisabeth. Née à Fontainebleau le 2 avril 1545. — Mariée en 1559 avec Philippe II, roi d'Espagne. — Morte en couches à Madrid le 3 octobre 1568.

Claude, duchesse de Lorraine. — Née à Fontainebleau le 12 novembre 1547. — Fiancée en 1558 à Charles II, duc de Lorraine. — Morte à Nancy le 20 février 1575.

Louis, duc d'Orléans. — Né à Saint-Germain-en-Laye le 3 février 1549. — Mort à Mantes le 24 octobre 1550.

CHARLES IX.

HENRI III.

Marguerite, duchesse de Valois et reine de Navarre, femme de Henri de Navarre, devenu le roi Henri IV.

Hercule, dit François, duc d'Alençon. — Né le 18 mars 1554. — Mort à Château-Thierry le 10 juin 1584, sans avoir été marié.

---

dont on a donné des explications fort variées. (Voy. P. Dan, *Les merveilles de Fontainebleau*, p. 153). Le croissant était une allusion au nom de Diane de Poitiers, devenue sa favorite après avoir été celle de son père. Il adopta aussi pour ses livrées le blanc et le noir, couleurs « de la belle vefve qu'il servoit ». (Brantôme, t. III, p. 256 et 271).

[1] Après la mort de Henri II, elle adopta pour devise une montagne de chaux vive arrosée de larmes, et autour de laquelle on lit : « Ardorem extincta testantur vivere flamma ». (Brantôme, t. VII, p. 339 et 349). Catherine avait eu d'abord la passion du vert ; devenue veuve, elle ne quitta guère le noir. (Voy. Brantôme, t. III, p. 255 ; t. VI, p. 117, et t. VII, p. 398).

Jeanne. Née à Fontainebleau le 24 juin 1556. — Morte en naissant.

Victoire, sœur jumelle de la précédente [1]. — Morte à Amboise le 17 août 1556.

Enfants naturels :

De Flamin de Leviston, jeune Écossaise :

Henri *d'Angoulême*, dit *le Chevalier d'Angoulême*, grand prieur de France, abbé de la Chaise-Dieu. — Mort à Aix-en-Provence le 2 juin 1586.

De Filippa Duco, jeune Piémontaise :

Diane, duchesse de Châtellerault, d'Étampes et d'Angoulême. — Née dans le Piémont vers 1538. — Légitimée [2] vers 1547. — Mariée, le 13 février 1552, avec Orazio Farnese, duc de Castro et neveu du pape Paul III ; puis, le 3 mars 1557, avec François de Montmorency, maréchal de France. — Morte à Paris le 3 janvier 1619 [3].

De Nicole de Savigny, demoiselle de Saint-Remi :

Henri *de Saint-Remi*, gentilhomme de la Chambre de Henri III. — Mort après 1577.

---

1 Double couche qui faillit coûter la vie à la mère. (Brantôme, t. VIII, p. 140).

2 Malgré le témoignage de Brantôme (t. VI, p. 496, et t. VIII, p. 140), on la fait souvent (M. Henri Martin, par exemple, t. VIII, p. 362) fille de Diane de Poitiers.

3 Entre sa naissance et sa mort, sept rois se succédèrent sur le trône de France.

XXVI. — FRANÇOIS II

Fils de Henri II et de Catherine de Médicis.

Né à Fontainebleau le 19 janvier 1544, entre quatre et cinq heures du soir.

Roi le 10 juillet 1559.

Sacré à Reims le 18 septembre de la même année.

Mort [1] à Orléans le 5 décembre 1560.

Enterré à Saint-Denis.

Femme :

Marie Stuart, fille de Jacques V, roi d'Écosse. — Née à Linlithgow le 5 décembre 1542. — Mariée le 24 avril 1558. — Exécutée au château de Fotheringay en Angleterre, le 18 février 1587.

XXVII. — CHARLES IX

Maximilien [2], fils de Henri II et de Catherine de Médicis.

Né à Saint-Germain-en-Laye le 27 juin 1550, vers cinq heures du matin.

D'abord duc d'Angoulême, puis duc d'Orléans.

---

[1] Non empoisonné, comme on l'a prétendu (Voy. *Addition aux mémoires de Castelnau*, t. I, p. 541) ; mais, comme le dit M. le docteur Potiquet, d' « une meningo-encéphalite consécutive à une inflammation suppurée de l'oreille ». (*La maladie et la mort de François II*, p. 101).

[2] Catherine de Médicis voulut que ses fils Charles IX et Henri III changeassent de nom en montant sur le trône. « Par telz changemens, écrit Brantôme, elle pensoit leur baptiser la fortune meilleure ou la vie plus longue ». (Tome V, p. 293).

Roi, sous la tutelle de sa mère, le 5 décembre 1560.
Sacré à Reims, le 15 mai 1561.
Majeur en 1564.
Mort [1] à Vincennes le 30 mai 1574, vers trois heures après midi.
Enterré à Saint-Denis [2].

Femme :

ÉLISABETH *d'Autriche*, fille de l'empereur Maximilien II. — Née à Vienne le 5 juin 1554. — Mariée le 26 novembre 1570. — Couronnée à Saint-Denis le 25 mars 1571. — Morte le 22 janvier 1592, à Vienne, où elle s'était retirée après la mort du roi.

Enfant :

MARIE-ÉLISABETH. Née à Paris le 27 octobre 1572. — Morte à Paris le 2 avril 1578.

---

1 On a attribué la mort de Charles IX à une variole négligée, aux suites de la syphilis, à une sueur de sang, à un empoisonnement, etc. Mazille, alors premier médecin, crut à une fièvre tierce. Il est d'autant plus facile de ruiner toutes ces hypothèses que le chirurgien Guillemeau nous a transmis le procès-verbal de l'autopsie du roi. (*Œuvres*, édit. de 1649, p. 856. — Reproduit dans A. F., *Les médecins*, p. 291). Elle fut faite par lui, assisté de huit chirurgiens, qu'entouraient neuf médecins. En somme, Charles IX était phtisique, et son autopsie prouva qu'il avait succombé à une « broncho-pneumonie entée sur des lésions avancées de tuberculose pulmonaire ». (Docteurs Brouardel et Gilles de la Tourette, *La mort de Charles IX*, dans A. F., *Les grandes scènes historiques du seizième siècle*).

2 Sa devise, qui lui avait été fournie par le chancelier de l'Hôpital, se composait de deux colonnes, avec ces mots *Pietate et justitia* (Brantôme, t. V, p. 290.). Sa livrée réunissait le blanc, le bleu et l'incarnat.

C'est sous Charles IX qu'un édit (janvier 1563, art. 39) fixa le commencement de l'année au 1er janvier. On eut pu choisir une saison moins morose, et surtout il eût fallut changer en même temps le nom des quatre derniers mois. Le Parlement ne consentit à enregistrer l'édit qu'en janvier 1567. L'année 1566, commencée à Pâques le 14 avril et terminée le 31 décembre, n'eut donc que huit mois et dix-sept jours.

Enfants naturels :

De Marie Touchet [1] :

N., mort en bas âge.

Charles *de Valois*, comte d'Auvergne, de Clermont, de Ponthieu, d'Alais et de Lauraguais, puis duc d'Angoulême. — Né le 28 avril 1573. — Grand prieur de l'ordre de Malte. — Marié en 1591 à Charlotte de Montmorency, fille aînée du connétable. — Mort à Paris le 24 septembre 1650.

XXVIII. — HENRI III

Alexandre-Édouard [2]. Fils de Henri II et de Catherine de Médicis.

Né à Fontainebleau entre le 19 et le 23 septembre 1551, à minuit trois quarts.

D'abord duc d'Anjou, puis duc d'Orléans.

Couronné roi de Pologne le 15 février 1573.

Roi de France le 30 mai 1574.

Sacré à Reims le 13 février 1575.

---

[1] Son vrai nom paraît avoir été Marie Tocossie (Brantôme, t. V, p. 275). Née à Orléans vers 1549, elle épousa, le 20 octobre 1578, François de Balzac d'Entragues, dont elle eut deux filles. L'aînée, Henriette, fut maîtresse de Henri IV et devint duchesse de Verneuil ; Marie, la seconde, vécut pendant dix ans avec Bassompierre. — Marie Touchet mourut en 1638. Son contrat de mariage a été retrouvé aux Archives nationales et publié par M. Henri Stein.

[2] Voy. ci-dessus la note 2, p. 68. — Il avait eu pour parrain le roi d'Angleterre Édouard VI.

Assassiné par Jacques Clément [1], à Saint-Cloud, le 1er août 1589 à huit heures du matin, et mort le 2 août vers deux heures du matin.

Son corps, déposé d'abord à l'abbaye de Compiègne, car les Ligueurs tenaient Saint-Denis, fut ensuite transporté dans cette ville [2].

Femme :

LOUISE *de Lorraine*, fille de Nicolas de Lorraine, duc de Mercœur, comte de Vaudemont, et de Marguerite d'Egmont. — Née à Nomény (Meurthe) le 30 avril 1553. — Mariée à Reims le 15 février 1575. — Morte à Moulins le 29 janvier 1601.

---

[1] Henri III venait de se lever, il était assis sur sa chaise percée ayant une robe de chambre jetée sur les épaules. (Lestoile, *Journal de Henri III*, 1er août 1589). Le couteau du Jacobin l'atteignit au bas-ventre, traversant l'iléon. (*Procès verbal d'autopsie*). Le chirurgien Portail accourut, il trouva le roi ensanglanté qui avait arraché l'arme restée dans la plaie, « et avoit ses boyaux entre les mains ». (Duc d'Angoulême, *Mémoires*, édit. Michaud, p. 65). Henri mourut le lendemain matin. Mais depuis longtemps, sa santé avait été compromise par les suites de la maladie qui paraît avoir empoisonné le sang de tous les descendants de François Ier (Voy. Lestoile, *Journal de Henri III*, 23 janvier 1579). — Le procès-verbal de l'autopsie de Henri III a été publié par le chirurgien Guillemeau, *Œuvres*, p. 164, et par A. F., *Les médecins*, p. 293.

[2] La principale devise de Henri III consistait en deux couronnes posées à terre et une troisième restée en l'air, avec ces mots. « Manet ultima cœlo ». La dernière m'attend au ciel. — Le jaune et le violet furent les couleurs préférées de ce répugnant personnage.

Sous ce règne le calendrier fut encore modifié, et une ordonnance enjoignit de passer sans transition du 9 au 20 décembre 1582.

Au mois de décembre 1578, Henri III avait créé l'ordre du Saint-Esprit, dont la croix se portait suspendue à un ruban bleu (Voy. Brantôme, t. V, p. 102), d'où le nom de *cordons bleus* donné aux chevaliers de l'ordre. Tous étaient en même temps et de droit chevaliers de Saint-Michel (voy. ci-dessus, p. 53), d'où vint l'expression, si commune dans nos anciens mémoires, *chevalier* DES ORDRES *du roi*. — Henri III avait institué aussi, en faveur des soldats estropiés, l'ordre de la charité chrétienne : une croix de satin blanc autour de laquelle étaient brodés les mots « Pour avoir fidèlement servi ».

V

BRANCHE AINÉE DES BOURBONS

Ainsi finit l'abominable race des Valois, après avoir fourni à la France treize rois et duré deux cent soixante et un ans. Fort inférieure, sous tous les rapports, à la race des Capétiens directs, elle s'éteint de la même manière, avec trois frères se succédant à défaut de postérité masculine. La branche ainée des Bourbons, qui va hériter de la couronne, aura un sort semblable ; mais elle disparaîtra, du moins, sans avoir, comme les derniers Valois, déshonoré le trône par des vices et par des crimes.

Il nous faut maintenant expliquer, aussi clairement que possible, d'où Henri IV, chef de la maison de Bourbon, tenait ses droits sur le trône de Navarre et sur celui de France.

Henri II d'Albret, roi de Navarre, avait épousé Marguerite d'Angoulême, sœur de François Ier. Elle lui avait donné une fille, Jeanne d'Albret.

Jeanne d'Albret épousa [1] Antoine de Bourbon, duc de Vendôme, descendant de saint Louis au neuvième degré, par Robert, comte de Clermont, sixième fils du saint roi et époux de Béatrix de Bourgogne, héritière de Bourbon.

De ce mariage naquit notre Henri IV [2].

---

[1] En 1548.

[2] Henri était le troisième enfant d'Antoine de Bourbon et de Jeanne d'Albret. Deux fils était nés auparavant, l'un nommé duc de Beaumont, l'autre comte de Merle. Tous deux moururent en bas âge, avant la naissance de Henri.

SUCCESSION AU TRONE

Branche des Bourbons.

HENRI IV

Branche aînée

30 LOUIS XIII

31. LOUIS XIV

Louis, dit Monseigneur

Louis, duc de Bourgogne

32. LOUIS XV

Louis, Dauphin

- 33. LOUIS XVI
  - 34. LOUIS XVII
- 37. LOUIS XVIII
- 38. CHARLES X
  - *Duc d'Angoulême*
  - *Duc de Berri*
    - *Duc de Bordeaux* (HENRI V)

Le duc de Berri a été assassiné, le duc d'Angoulême est incapable, Charles X abdique en faveur de son petit-fils le duc de Bordeaux. Mais, par un vote de la chambre des députés, la couronne passe, avec LOUIS-PHILIPPE Ier, à la branche cadette (*Bourbons-Orléans*), issue de Philippe, duc d'Orléans, frère de Louis XIV.

Le duc de Bordeaux (HENRI V) meurt sans postérité en 1883. Le *droit* à la couronne passe à la *branche cadette des Bourbons*, dans la personne du comte de Paris (PHILIPPE VII), petit-fils du roi Louis-Philippe Ier. Le comte de Paris étant mort en 1894, son fils aîné, le duc d'Orléans (PHILIPPE VIII), est aujourd'hui chef de la maison de Bourbon.

Branche cadette

Gaston d'Orléans

Philippe d'Orléans

Philippe II, le Régent

Louis, duc de Chartres

Louis-Philippe

Louis-Philippe-Joseph dit Égalité

39. LOUIS-PHILIPPE Ier

Ferdinand-Philippe duc d'Orléans

- *Louis-Philippe comte de Paris* (PHILIPPE VII)
  - *Louis-Philippe duc d'Orléans* (PHILIPPE VIII)
- *Robert duc de Chartres*

Le duc d'Orléans est aujourd'hui le chef de la maison de France.

A défaut d'héritier mâle dans la race des Valois, c'est à Antoine de Bourbon que devait échoir la couronne. Aussi, après la mort de François II, il disputa la régence à Catherine de Médicis et fut nommé lieutenant général du royaume. Il mourut en 1562, transmettant à son fils tous ses droits.

Comme on l'a vu plus haut, la loi salique n'existait pas en Navarre. Jeanne d'Albret succéda donc à son père [1], et prit le nom de Jeanne III. Lorsqu'elle mourut, en 1572, son fils hérita de cette modeste couronne, et devint roi de Navarre sous le nom de Henri III [2].

---

[1] En 1555.

[2] Généalogie des souverains de Navarre, depuis Jeanne II (Voy. ci-dessus, p. 29) jusqu'à Henri IV :

Jeanne II
et Philippe d'Évreux
(1328-1349).
|
Charles II, dit *le Mauvais*
(1349-1387).
|
Charles III, dit *le Noble*
(1387-1425).
|
Blanche et Jean II
(1425-1479).
|
Éléonore (1479)
|
Gaston de Foix

Fr. Phébus de Foix (1479-1483).	Catherine de Foix et Jean d'Albret (1483-1517).
	Henri II d'Albret (1517-1555).
	Jeanne III d'Albret et Antoine de Bourbon (1555-1572).
	Henri III (1572-1607).

En 1607, Henri IV réunit la Navarre à la couronne de France.

XXIX. — HENRI IV

Dit *le Grand*.

Fils de Antoine de Bourbon, roi de Navarre, et de Jeanne d'Albret, qui elle-même était fille de Henri II, roi de Navarre, et de Marguerite d'Angoulème [1], sœur de François Ier.

Né à Pau, le 12, le 13 ou le 14 décembre 1553, entre une et deux heures du matin [2].

D'abord prince de Viane [3], de Beaumont et de Navarre.

Roi de Navarre, le 9 juin 1572, à la mort de Jeanne d'Albret.

Roi de France le 2 août 1589, à la mort de Henri III décédé sans postérité.

Abjure à Saint-Denis le 25 juillet 1593, vers neuf heures du matin.

Sacré à Chartres le 7 février 1594.

Assassiné [4] à Paris le 14 mai 1610 [5], vers quatre heures.

Enterré à Saint-Denis [6].

---

[1] Elle était, depuis 1525, veuve du duc Charles d'Alençon, celui qui se déshonora à la bataille de Pavie.

[2] Voy. A. de Ruble, *Histoire universelle d'Agrippa d'Aubigné,* t. I, p. 380. — Palma Cayet, *Chronologie novénaire,* édit. Michaud, p. 159. — Eug. Halphen, *Enquête sur le baptême de Henri IV,* p. VII.

[3] Titre que portaient les aînés de la maison de Navarre.

[4] C'était la dix-neuvième tentative d'assassinat dirigée contre lui.

[5] Il allait partir en campagne, et Marie de Médicis, choisie pour régente, avait été sacrée à Saint-Denis la veille.

[6] La devise ordinaire de Henri IV était un hercule domptant un monstre, avec ces mots « Invia virtuti nulla est via » (Pour la valeur, point d'obstacle). — Ses couleurs furent le bleu, le blanc, l'incarnat et le tanné.

Henri IV créa, vers 1606, l'ordre de Notre-Dame du Mont-Carmel : une croix d'or ayant au centre une image de la Vierge et soutenue par un ruban noir. (Hilarion de Coste, p. 188). Cet ordre fut bientôt réuni à celui de Saint-Lazare.

Femmes :

MARGUERITE *de Valois*, fille de Henri II et de Catherine de Médicis. — Née à Saint-Germain en Laye le 14 mai 1553. — Mariée à Paris le 18 août 1572. — Divorcée le 17 décembre 1599. — Morte à Paris le 27 mars 1615.

MARIE *de Médicis*, fille de François de Médicis, grand-duc de Toscane et de Jeanne d'Autriche. — Née à Florence le 26 avril 1573. — Accordée à Henri IV, par traité passé à Florence, le 25 avril 1600. — Mariée à Florence, par procuration, le 5 ou le 6 octobre 1600. — Mariée à Lyon le 17 décembre [1]. — Sacrée à Saint-Denis le 13 mai 1610. — Déclarée régente le 15 mai 1610. — Morte à Cologne le 3 juillet 1642.

Enfants [2] :

Tous de Marie de Médicis :

LOUIS XIII.

ÉLISABETH. Née à Fontainebleau le vendredi 22 novembre 1602, vers neuf heures du matin. — Mariée, le 18 octobre 1615, avec Philippe IV, roi d'Espagne. — Morte à Madrid le 6 octobre 1644.

Elle fut mère de Marie-Thérèse, femme de Louis XIV.

CHRISTINE, dite aussi CHRÉTIENNE. Née au Louvre le vendredi 10 février 1606. — Mariée, le 10 février 1619, avec Victor-Amédée Ier, duc de Savoie. — Morte à Turin le 27 décembre 1663.

NICOLAS, duc d'Orléans. — Né à Fontainebleau le lundi 16 avril 1607. — Mort à Saint-Germain-en-Laye le 17 novembre 1611.

---

1 Il avait été consommé à Lyon dès le 9 décembre (Voy. de Thou, *Historia sui temporis*, lib. CXXV. — Lestoile. *Journal de Henri IV*, 17 décembre 1600). Cette date est importante.

2 J'adopte ici les dates données par Louise Bourgeois, accoucheuse de la reine. Voy. ses *Observations sur la stérilité*, 2e partie, p. 196. Voy. aussi le *Journal* tenu par le médecin Héroard.

GASTON (Jean-Baptiste), duc d'Orléans. — Né à Fontainebleau le vendredi 7 avril 1608. — Mort à Blois le 2 février 1660.

De sa première femme, MARIE *de Bourbon*, duchesse de Montpensier [1], il eut Anne-Marie-Louise d'Orléans, duchesse de Montpensier, connue sous le nom de *Mademoiselle*, puis de *la grande Mademoiselle* [2].

Sa seconde femme, MARGUERITE *de Lorraine* [3], dite *Madame*, lui donna un fils mort à deux ans, et quatre filles, dites : *Mademoiselle d'Orléans* [4], *Mademoiselle d'Alençon* [5], *Mademoiselle de Valois* [6] et *Mademoiselle de Chartres* [7].

HENRIETTE-MARIE. Née au Louvre le jeudi 26 novembre 1609. — Mariée le 11 mai 1625 avec Charles Ier, roi d'Angleterre. — Morte à Colombes, près de Paris, le 10 septembre 1669.

Enfants naturels :

De Gabrielle d'Estrées, duchesse de Beaufort. — Née vers 1571. — Morte en avril 1599 :

CATHERINE-HENRIETTE, légitimée en 1597. — Mariée en février 1619 avec Charles de Lorraine, duc d'Elbeuf. — Morte à Paris le 20 juin 1663.

---

1 Mariée le 6 août 1626. — Morte en couches le 4 juin 1627.

2 Morte à Paris le 5 avril 1693.

3 Mariée le 31 janvier 1632. — Morte à Paris le 3 avril 1672.

4 Marguerite-Louise. Née à Paris le 28 juillet 1645. — Mariée, le 19 avril 1661, avec Côme III de Médicis, grand duc de Toscane. — Morte à Paris, le 17 septembre 1721.

5 Élisabeth. Née à Paris le 26 décembre 1646. — Mariée, le 15 mai 1667, avec Louis-Joseph de Lorraine, duc de Guise. — Morte à Versailles le 17 mars 1696.

6 Françoise-Madeleine. Née à Saint-Germain en Laye le 13 octobre 1648. — Mariée, le 4 mars 1663, avec Charles-Emmanuel II, duc de Savoie. — Morte à Turin le 14 janvier 1664.

7 Marie-Anne. Née à Paris le 9 novembre 1652. — Morte à Blois le 17 août 1656.

César, duc de Vendôme. — Né au château de Coucy, en Picardie, le 3 juin 1594. — Légitimé en 1595. — Mort à Paris le 22 octobre 1665.

Parmi ses enfants figure François de Vendôme, duc de Beaufort, dit *le roi des Halles*, mort en 1669.

Alexandre, dit *le chevalier de Vendôme*. — Né à Nantes en avril 1598. — Légitimé en 1599. — Grand prieur de Malte. — Mort à Vincennes le 8 février 1629.

De Catherine-Henriette de Balzac d'Entragues, duchesse de Verneuil, morte en 1633 :

Gaston-Henri, duc de Verneuil. — Né à Paris en octobre 1601. — Légitimé en 1603. — Evêque de Metz, abbé de Saint-Germain des Prés. — Mort au château de Verneuil le 28 mai 1682.

Gabrielle-Angélique. Née en 1602. — Légitimée en 1603. — Mariée le 16 décembre 1622 au duc d'Épernon[1]. — Morte à Metz le 24 mars 1627.

De Jacqueline de Bueil, comtesse de Moret :

Antoine de Bourbon, comte de Moret. Né à Fontainebleau en 1607. — Légitimé en 1608. — Mort après 1631.

De Charlotte des Essarts, comtesse de Romorantin, morte en 1651 :

Jeanne-Baptiste. — Légitimée en mars 1608. — Religieuse à Chelles, abbesse de Fontevrault. — Morte le 16 juillet 1670.

Marie-Henriette, abbesse de Chelles. — Morte le 10 février 1629.

---

[1] J.-L. de Nogaret de la Valette.

XXX. — LOUIS XIII

Dit *le Juste* [1].

Fils de Henri IV et de Marie de Médicis.

Né à Fontainebleau, le jeudi 27 septembre [2] 1601, vers onze heures du soir.

Roi le 14 mai 1610, sous la tutelle de sa mère.

Sacré à Reims le 17 octobre 1610 [3].

---

1 Parce qu'il était né au mois de septembre, donc sous le signe de la Balance (Voy. Voltaire, *Essai sur les mœurs*, édit. Beuchot, t. XIX, p. 267.

2 La *Grande encyclopédie* (t. XXII, p. 635) le fait naître à Paris le 14 mai. Mais le témoignage du médecin Héroard et celui du chroniqueur Lestoile sont formels. Louis XIII, écrit Héroard, naquit à Fontainebleau « le 27e septembre, quatorze heures dans la lune nouvelle, à dix heures et demie et demi-quart, selon ma montre » (*Journal*, t. I, p. 2). — Lestoile est presque aussi précis : « Le jeudi 27 septembre, fête des saints Cosme et Damien, à dix heures et demie du soir, neuf mois quatorze jours après la consommation du mariage du Roy et de la Reine, après vingt-deux heures et quart de douleurs d'enfantement, la Reine, étant à Fontainebleau, a donné un Dauphin à la France (*Journal*, 27 septembre. — Voy. aussi Louise Bourgeois, p. 140).

Il y avait, à ce moment, près de soixante ans qu'il n'était né en France un Dauphin. Encore la légitimité de celui-ci a-t-elle été contestée. On peut cependant admettre que Louis XIII fut réellement le fils de Henri IV, et que les infidélités de la reine commencèrent seulement après la naissance de ce fils, qu'elle n'aima pas plus que son mari. (Sur ce sujet, voy. A. F., *L'enfant*, t. I, p. 74 et suiv., 116 et suiv.).

3 Par le cardinal de Joyeuse, archevêque de Rouen, car l'archevêque de Reims n'était pas encore sacré.

« Il supporta fort vertueusement toute la fatigue de cette cérémonie qui se termina vers deux heures un quart ». (Héroard, *Journal*, t. II, p. 30). Elle avait commencé à neuf heures et demie.

Déclaré majeur [1] le jeudi 28 octobre 1614 [2].

Mort, d'une entérite chronique [3], à Saint-Germain en Laye [4] le 14 mai [5] 1643, à deux heures trois quarts après midi.

Enterré à Saint-Denis [6].

Femme :

Anne [7] *d'Autriche*, fille aînée de Philippe III, roi d'Espagne, et de Marguerite d'Autriche. — Née le 22 septembre 1601. — Mariée à Burgos, par procuration, le 18 octobre 1615 ; puis à Bordeaux le 24 novembre suivant [8]. — Régente le 18 mai 1643.— Morte au Louvre le 20 janvier 1666 [9].

---

1 En réalité sous la tutelle du cardinal Armand-Jean du Plessis, duc de Richelieu. Celui-ci était né à Paris le 5 septembre 1585. Il fut évêque de Luçon en 1606, premier aumônier d'Anne d'Autriche vers 1615, secrétaire d'État en 1616, premier ministre en 1624, et mourut à Paris le 5 décembre 1642.

2 Il venait d'entrer dans sa quatorzième année. La séance fut terminée à trois heures et demie. Au retour, on le mit au lit, et il se fit « apporter ses petits jouets ». (Héroard, t. II, p. 160).

3 Docteur P. Guillon, *La mort de Louis XIII*, (1897, in-8°), p. 144.

4 La *Grande encyclopédie* le fait mourir à Paris.

5 Jour anniversaire de la mort de son père.

6 Sa livrée était incarnat, blanc et bleu. (A. Jal, *Dictionnaire*, p. 439). Sa devise, imitée de celle de son père, représentait Hercule armé d'une massue, avec ces mots : « Erit hæc quoque cognita monstris ».

7 Marie-Mauricette.

8 Elle avait treize ans et le roi en avait quatorze. Les deux époux furent séparés jusque vers 1618. Il existe cependant une pièce, destinée sans doute à l'Espagne, où il est dit que le mariage fut aussitôt consommé. Voy. *Détail singulier de ce qui se passa le jour de la consommation du mariage de Louis XIII*, dans la *Revue rétrospective*, t. II (1834), p. 250.

9 La princesse Palatine déclare formellement qu'Anne d'Autriche s'unit, par un mariage secret, à Mazarin, qui « n'était pas prêtre et n'avait pas les ordres qui pussent l'empêcher de contracter mariage » (Lettre du 27 septembre 1718, traduction Brunet, t. II, p. 3).

Les Mazarinades parlent également d'un mariage secret qui

Enfants :

LOUIS XIV.

PHILIPPE. Né à Saint-Germain en Laye le 21 septembre 1640. — Duc d'Anjou, d'Orléans, de Chartres, de Valois, de Nemours et de Montpensier. — Mort à Saint-Cloud le 9 juin 1701. — Enterré à Saint-Denis.

De sa première femme HENRIETTE *d'Angleterre* [1], dite *Madame*, morte à Saint-Cloud le 29 juin 1670, il eut deux fils et deux filles. Dont : Marie-Louise, dit *Mademoiselle d'Orléans*. Née au Palais Royal le 27 mars 1662. Mariée avec Charles II, roi d'Espagne. Morte à Madrid le 12 février 1689. Et Anne-Marie, dite *Mademoiselle de Valois*. Née à Saint-Cloud le 27 août 1669. Mariée le 10 avril 1684 avec Victor-Amédée II, duc de Savoie.

De sa seconde femme CHARLOTTE-ELISABETH *de Bavière*, dite la *Princesse Palatine* et *Madame* [2], il eut deux fils et une fille. Dont : Élisabeth-Charlotte, dite *Mademoiselle de Chartres*. Née à Saint-Cloud le 2 juin 1673. Mariée avec le duc Léopold-Charles de Lorraine le 13 octobre 1698. Et Philippe, duc de Chartres, puis d'Orléans, RÉGENT de France pendant la minorité de Louis XV [3].

De Philippe d'Orléans, frère de Louis XIII, est issue la maison d'Orléans qui parvint au trône, avec le roi Louis-Philippe Ier, en 1830 [4].

---

aurait été célébré par saint Vincent de Paul, et expliquent ainsi la faveur que la reine témoigna toujours au religieux. La correspondance du cardinal, récemment publiée, semble favorable à cette assertion. On a cependant fait remarquer que les lettres passionnées de Mazarin prouveraient aussi bien le contraire, et que le cardinal marié à la reine ne lui aurait probablement pas écrit de cette façon.

1 Fille de Charles Ier, roi d'Angleterre, et d'Henriette-Marie, fille de Henri IV.

2 Née à Heidelbberg le 27 mai 1652, morte à Saint-Cloud le 8 décembre 1722.

3 Voy. ci-dessous, p. 86.

4 Voy. le tableau n° 3.

XXXI. — LOUIS XIV.

Dit *Dieudonné* [1] et *le Grand* [2]. Fils de Louis XIII [3] et d'Anne d'Autriche.

Né à Saint-Germain-en-Laye, le 5 septembre [4] 1638 [5], à onze heures vingt-deux minutes du matin.

Roi le 14 mai 1643, sous la tutelle de sa mère [6].

---

1 Ainsi nommé « pour son heureuse naissance accordée aux vœux des François après vingt-trois ans d'attente ». (*État de la France pour 1672*, t. I, p. 9). On a vu qu'Anne d'Autriche avait été mariée en 1615.

2 Depuis 1674, ce titre figurait sur de nombreuses médailles (Voy. *Médailles sur les principaux événemens*, etc., 1722, in-folio). Mais, en 1680, la municipalité de Paris le décerna solennellement au roi. Le titre de *Grand* fut dès lors adopté par la langue officielle, et l'on ne désigna plus autrement Louis XIV, même sur les monuments publics.

3 Le nouveau né ne ressemblait pas plus à Louis XIII que Louis XIII ne ressemblait à Henri IV. Quelques historiens ont voulu trouver une grande analogie de traits et de caractère entre Louis XIV et Buckingham, et ils expliquent ce fait par le phénomène de l'hérédité en retour. La science admet, en effet, qu'un enfant peut tenir, non de son père, mais des conjoints antérieurs de sa mère. (Voy. Dr Prosper Lucas, *Traité de l'hérédité*, t. II, p. 53 et suiv.). En tout cas, l'enfant était beau, pesait quarante-huit marcs, et, dit-on, était venu au monde avec deux dents. (Séb. Mercier, *Tableau de Paris*, t. IX, p. 162).

4 Quelques auteurs font naître Louis XIV le 16 septembre. Mais la nouvelle de cette naissance était connue de Grotius dès le 11. Dans une lettre datée de ce jour, il écrivait à Oxenstiern que le nouveau-né était « puer pulcher et vegetus ». Voy. H. Grotius, *Epistolæ*, édit. de 1687, p. 462. — Dans les *Médailles sur les principaux événemens du règne de Louis le Grand*, ouvrage officiel entrepris par les ordres de Colbert, Louis XIV est dit né le 5 septembre.

5 Jour anniversaire de la naissance de Richelieu.

6 Qui elle-même se plaça sous celle du cardinal Guilio Mazarini (en français Jules Mazarin). Il était né, à Rome sans doute, le 14 juillet 1602, fut nonce extraordinaire à Paris en 1634, naturalisé français en 1639, cardinal en 1642, premier ministre en 1643, et il mourut à Vincennes le 9 mars 1661.

De 1648 à 1653, Mazarin eut à combattre la Fronde, insurrection dirigée contre lui et qui, somme toute, fortifia le pouvoir royal. On

Déclaré majeur le 8 septembre 1651.

Sacré à Reims le 7 juin 1654.

Mort à Versailles le 1er septembre 1715 « à huit heures un quart et demi du matin, sans aucun effort, comme une chandelle qui s'éteint », écrit Dangeau [1].

Enterré à Saint-Denis [2].

Femmes :

MARIE-THÉRÈSE *d'Autriche*, fille de Philippe IV, roi d'Espagne, et d'Élisabeth de France [3]. — Née à l'Escurial

---

nomme *Mazarinades* les pamphlets publiés contre la cour et le premier ministre durant cette période où la presse jouit d'une liberté absolue. On n'en connaît pas exactement le nombre, mais la bibliothèque Mazarine en possède aujourd'hui plus de six mille.

1 *Journal*, 1er septembre 1715, t. XVI, p. 136. — Un sieur Lefebvre, qui reproduisit cette phrase, trouva sans doute le mot chandelle trop vulgaire, et écrivit : « comme une bougie qui s'éteint ». (*Journal historique de tout ce qui s'est passé depuis les premiers jours de la maladie du roi*, 1715, in-18, p. 67).

Louis XIV mourait de gangrène sénile, maladie alors à peu près inconnue. Le procès-verbal d'autopsie constate que « la cuisse gauche s'est trouvée gangrenée, aussi bien que les muscles du bas-ventre, et cette gangrène montoit jusqu'à la gorge ». Ce procès-verbal a été publié dans A. F., *Les chirurgiens*, p. 290.

2 On connaît la devise adoptée en 1662 par Louis XIV : un soleil dardant ses rayons sur le monde, avec les mots *Nec pluribus impar*, devise qui a été interprétée de mille manières.

La livrée royale mêlait au bleu le rouge et le blanc. Tous les Bourbons la conservèrent, y compris le roi Louis-Philippe. — Une ordonnance du 10 février 1704 défendit à tout seigneur de donner à ses domestiques une livrée semblable à celle du roi, même si un galon différent l'ornait. (Delamare, *Traité de la police*, t. I, p. 425).

Au mois d'avril 1693, Louis XIV créa l'*ordre de Saint-Louis*, destiné aux officiers de terre et de mer. La croix était d'or et reproduisait l'image de saint Louis, avec cette légende : « Ludovicus magnus instituit anno MDCIII » ; de l'autre côté une épée flamboyante était entourée de ces mots « Bellicæ virtutis præmium ». Supprimé par la Convention, rétabli par Louis XVIII, l'ordre de Saint-Louis subsista jusqu'à la révolution de 1830.

3 Fille de Henri IV.

le 10 septembre 1638. — Mariée en 1660 [1]. — Morte à Versailles le 30 juillet 1683.

Françoise d'Aubigné, petite-fille de Théodore-Agrippa d'Aubigné, l'ami de Henri IV. — Née à Niort le 28 novembre 1635. — Mariée, en mai 1652, avec Paul Scarron. — Veuve en octobre 1660. — Marquise de Maintenon en 1674. — Épousée secrètement par Louis XIV dans les premiers mois de 1684 [2]. — Morte à Saint-Cyr le 15 avril 1719.

Enfants :

Tous de Marie-Thérèse :

Louis, dit *Monseigneur* ou *le Grand Dauphin* [3]. — Né à Fontainebleau le 1er novembre 1661. — Mort à Meudon le 14 avril 1711.

---

[1] Le mariage fut conclu par les plénipotentiaires le 7 novembre 1659, ratifié par Louis XIV à Toulouse le 24 novembre, et par Philippe IV à Madrid le 1er décembre. Célébré, par procuration, à Fuenterabia (Fontarabie) le 4 juin 1660 ; en personnes à Bayonne le 9 juin. (Voy. Mignet, *Négociations relatives à la succession d'Espagne*, t. I).

[2] Mariage « connu sans être déclaré. La dignité du trône ne permettoit pas de le déclarer et la conscience ne permettoit pas non plus de le cacher entièrement ». Il fut célébré dans une pièce du château de Versailles par M. de Harlay, archevêque de Paris, assisté du P. La Chaise, confesseur du roi. Bontemps, premier valet de chambre, servit la messe. Étaient présents : Louvois (Choisy et Voltaire ne le mentionnent pas) et le marquis de Montchevreuil, parent de la mariée. Celle-ci avait alors quarante-neuf ans , le roi allait en avoir quarante-sept.

Sur tout ceci, voyez : Languet de Gergy, archevêque de Sens, *Madame de Maintenon et la maison royale de Saint-Cyr*, p. 32 et suiv., et *Mémoires sur Madame de Maintenon*, p. 184 et suiv. — Saint-Simon, *Mémoires*, édit. de 1883, t. II, p. 428, et t. XII, p. 99. — Voltaire, *Siècle de Louis XIV*, édit. Beuchot, t. II, p. 190. Voy. aussi la *Correspondance*, t. VI, p. 203. — Abbé de Choisy, *Mémoires*, livre VII.

[3] Il est, en outre, le premier qui ait été qualifié *Dauphin de France*. (Voy. ci-dessus, p. 45). En général, le second fils de France était dit duc d'Orléans, le troisième duc d'Anjou, et le quatrième duc de Berri ; mais il y a eu des exceptions à cette règle.

De sa première femme, MARIE-CHRISTINE *de Bavière*, il eut trois fils :

Louis, *duc de Bourgogne*, qui fut père de Louis XV [1].

Philippe, *duc d'Anjou*, devenu roi d'Espagne sous le nom de Philippe V. — Mort en 1746.

Charles, *duc de Berri*. — Mort en 1714.

Vers 1694, MONSEIGNEUR épousa secrètement Marie-Emilie Joly de Choin, morte en 1744.

ANNE-ÉLISABETH. Née au Louvre le 18 novembre 1662. — Morte le 30 décembre suivant.

MARIE-ANNE. Née au Louvre le 16 novembre 1664. — Morte le 26 décembre suivant.

MARIE-THÉRÈSE. Née à Saint-Germain-en-Laye le 2 janvier 1667. — Morte le 1er mars 1672.

PHILIPPE, duc d'Anjou. Né à Saint-Germain-en-Laye le 5 août 1668. — Mort le 10 juillet 1671.

LOUIS-FRANÇOIS, duc d'Anjou. Né à Saint-Germain-en Laye le 14 juin 1672. — Mort le 4 novembre suivant.

Enfants naturels :

De la duchesse de la Vallière, morte en 1710 :

N., né en 1662, mort jeune.

LOUIS *de Bourbon*. Né à Paris le 27 septembre 1663. — Mort le 15 juillet 1666.

MARIE-ANNE *de Bourbon*, dite *Mademoiselle de Blois*. — Née à Vincennes le 17 octobre 1666. — Légitimée en mars 1667. — Mariée, le 16 janvier 1680, avec Louis-Armand de Bourbon, *prince de Conti*. — Morte en 1739.

---

1 Le duc de Bourgogne, né le 6 août 1682, mourut le 18 février 1712.

Il avait épousé **Marie-Adélaïde de Savoie**, fille de Victor-Amédée III, duc de Savoie. Elle était née le 6 décembre 1685 et elle mourut le 12 février 1712. — De ce mariage naquirent trois enfants : I. LOUIS, duc de Bretagne, né le 25 juin 1704, mort le 13 avril 1705. — II. LOUIS, duc de Bretagne, né le 8 janvier 1707, mort le 8 mars 1712. — III. LOUIS XV.

Louis *de Bourbon*, comte de Vermandois, amiral de France. — Né à Saint-Germain-en-Laye le 2 octobre 1667. — Légitimé en février 1669. — Mort en 1683.

De la marquise de Montespan, morte en 1707 :

N., mort jeune.

Louis-Auguste *de Bourbon, duc du Maine* et d'Aumale, souverain de Dombes, colonel général des Suisses. — Né le 31 mars 1670. — Légitimé en décembre 1673. — Marié, le 19 mars 1692, avec Anne-Louise de Bourbon, petite-fille du grand Condé. — Mort à Sceaux le 14 mai 1736.

Louis-César *de Bourbon*, comte de Vexin. — Né à Paris le 20 juin 1672. — Légitimé en décembre 1673. — Abbé de Saint-Denis, puis de Saint-Germain des Prés à Paris. — Mort le 10 janvier 1683.

Louise-Françoise *de Bourbon*, dite *Mademoiselle de Nantes*. — Née le 1er juin 1673. — Légitimée en décembre 1673. — Mariée, le 24 juillet 1685, avec Louis III, duc de Bourbon. — Morte le 16 juin 1743.

Louise-Marie *de Bourbon*, dite *Mademoiselle de Tours*. — Née et légitimée en janvier 1676. — Morte le 15 septembre 1681.

Françoise-Marie *de Bourbon*, dite *Mademoiselle de Blois*. — Née le 4 mai 1677. — Légitimée en novembre 1681. — Mariée, le 18 février 1692, avec Philippe, duc d'Orléans, devenu régent sous Louis XV. — Morte en 1749.

Louis-Alexandre *de Bourbon*, comte de Toulouse. — Né le 6 juin 1678. — Légitimé en novembre 1681. — Marié, le 2 février 1723, avec Marie-Victoire-Sophie de Noailles, qui lui donna le duc de Penthièvre. — Grand veneur de France, gouverneur de la Guyenne, puis de la Bretagne. — Mort à Rambouillet le 1er décembre 1737.

De la duchesse de Fontanges, morte en 1681 :

N., mort en ?.

XXXII. — LOUIS XV.

Dit le *Bien-aimé* [1].

Arrière-petit-fils de Louis XIV. Troisième fils de Louis, duc de Bourgogne [2] et de Marie-Adélaïde de Savoie.

Né à Versailles [3] le 15 février 1710, à huit heures trois minutes trois secondes du matin [4].

D'abord duc d'Anjou.

Roi le 1er septembre 1715, sous la régence du duc Philippe d'Orléans, premier prince du sang [5].

---

1 Ce nom, si peu mérité, lui fut donné en 1744, à son retour d'Alsace.

2 Fils lui-même de Louis, dit *Monseigneur*, fils de Louis XIV. — Voy. le tableau n° 3.

3 On l'a parfois, mais par erreur fait naître à Fontainebleau.

4 Dangeau, *Journal*, 16 février 1710, t. XIII, p. 102.

5 Fils de Philippe, duc d'Orléans, le fils de Louis XIII, et de Charlotte-Élisabeth de Bavière dite la *princesse Palatine* et *Madame*. — Il était né à Saint-Cloud le 2 août 1674. — D'abord duc de Chartres. — Régent du 2 septembre 1715 au 22 février 1723. — Mort à Versailles le 2 décembre 1723.

Sa femme, Françoise-Marie de Bourbon, fille naturelle de Louis XIV et de la marquise de Montespan, lui donna huit enfants, savoir : I. N., dite *Mademoiselle de Valois*, morte à dix mois. — II. Marie-Louise-Élisabeth, *duchesse de Berri*, dite *Mademoiselle*, morte en 1719. — III. Louise-Adelaïde, abbesse de Chelles, morte en 1743. — IV. Charlotte-Aglaé, dite *Mademoiselle de Valois*, morte en 1761. — V. Louis, duc de Chartres, mort à l'abbaye de Sainte-Geneviève en 1752. — VI. Louise-Élisabeth, dite *Mademoiselle de Montpensier*, morte en 1742. — VII. Philippe-Élisabeth, dite *Mademoiselle de Beaujolais*, morte en 1734. — VIII. Louise-Diane, dite *Mademoiselle de Chartres*, morte en 1736.

Le Régent eut en outre, de M.-L.-M.-V. Le Bel de la Boissière de Séry, comtesse d'Argenton, quatre enfants naturels : I. Charles de Saint-Albin, légitimé en 1722, mort archevêque de Cambrai en 1764. — II. N., dite *Mademoiselle de Rouvroi*, morte en ?. — III. Jean-Philippe, dit le *Chevalier d'Orléans*, mort en 1748. — Angélique de Froissy, morte en ?

Sacré à Reims le 25 [1] octobre 1722.

Déclaré majeur le 22 février 1723.

Mort de la variole [2], à Versailles, le 10 mai 1774, à deux heures après midi.

Enterré à Saint-Denis [3].

Femme :

Catherine-Félicité-MARIE LESZCINSKA, fille de Stanislas Leszcinski, roi de Pologne, et de Catherine Opalinska. Née le 23 juin 1703. — Mariée le 5 septembre 1725. — Morte à Versailles le 24 juin 1768.

Enfants :

MARIE-LOUISE-ÉLISABETH. Née le 14 août 1727. — Mariée avec Philippe de Bourbon, fils de Philippe V, roi d'Espagne. — Morte à Versailles le 6 décembre 1759.

ANNE-HENRIETTE, sœur jumelle de la précédente. — Morte le 10 février 1752.

LOUISE-MARIE. Née le 28 juillet 1728. — Morte le 19 février 1733.

LOUIS. Né à Versailles le 4 septembre 1729. — Mort à Fontainebleau le 20 décembre 1765.

Marié, le 23 février 1745 avec Marie-Thérèse, fille de Philippe V, roi d'Espagne, il en eut une fille, Marie-

---

1 Et non le 22, comme on l'a dit.

2 S'il faut en croire Soulavie (*Mémoires du règne de Louis XVI*, t. I, p. 161), la terreur avait glacé à tel point tous les cœurs, que « les vidangeurs de Versailles furent seuls assez hardis pour ensevelir le roi ». Son corps fut enveloppé dans du taffetas ciré, garni de poudres aromatiques, puis placé dans un cercueil de plomb, et transporté à Saint-Denis sans aucune pompe. — Sur ce sujet, voy. encore P. de Mairobert, *Journal historique*, 14 mai 1774, t. VI, p. 7.

3 Comme les catholiques pouvaient seuls recevoir la croix de Saint-Louis, Louis XV créa, le 10 mars 1759, l'*ordre du mérite militaire*, en faveur des officiers protestants : une croix d'or à huit pointes, avec cette légende *Pro virtute bellica*.

Thérèse, dite *Madame*, née le 19 juillet 1746, morte le 27 avril 1748.

Sa seconde femme, Marie-Josèphe de Saxe, fille de Frédéric-Auguste III, électeur de Saxe, avec qui il s'unit le 9 février 1747 [1], lui donna huit enfants : — I. Marie-Zéphyrine, née le 26 août 1750, morte le 2 septembre 1755. — II. Louis-Joseph-Xavier, *duc de Bourgogne*, né le 13 septembre 1751, mort le 22 mars 1761. — III. Marie-Xavier-Joseph, *duc d'Aquitaine*, né le 8 septembre 1753, mort le 22 février 1754. — IV. Louis-Auguste, *duc de Berri*, né à Versailles le 23 août 1754, roi sous le nom de LOUIS XVI, guillotiné le 21 janvier 1793. — V. Louis-Stanislas-Xavier, *comte de Provence*, né à Versailles, le 17 novembre 1755, roi sous le nom de Louis XVIII, mort le 16 septembre 1824. — VI. Charles-Philippe, *comte d'Artois*, né à Versailles le 9 octobre 1757, roi sous le nom de CHARLES X, mort le 6 novembre 1836. — VII. Marie-Adelaïde-Clotilde-Xavière, princesse de Piémont, puis reine de Sardaigne, née le 21 septembre 1759, morte le 7 mars 1802. — VIII. Élisabeth-Philippine-Marie-Hélène-Thérèse, dite *Madame Élisabeth*, née le 3 mai 1764, guillotinée le 10 mai 1794.

PHILIPPE, *duc d'Anjou*. Né à Versailles, le 30 août 1730. — Mort le 7 avril 1733.

Marie-ADÉLAÏDE. Née à Versailles le 23 mars 1732. — Morte à Trieste en mars 1800.

VICTOIRE-Louise-Marie-Thérèse. Née à Versailles le 11 mai 1733. — Morte à Trieste le 7 juin 1799.

SOPHIE-Philippine-Élisabeth-Justine. Née le 17 juillet 1734. — Morte le 3 mars 1782.

THÉRÈSE-Félicité. Née le 16 mai 1736. — Morte en 1744.

LOUISE-MARIE. Née le 5 juillet 1737. — Morte au couvent des Carmélites de Saint-Denis le 23 décembre 1787.

---

[1] Morte en 1767.

XXXIII — LOUIS XVI.

Dit *le Restaurateur de la liberté française*[1] et *le Roi martyr*.

Louis-Auguste. — Fils du dauphin Louis, fils de Louis XV, et de Marie-Josèphe de Saxe.

Né à Versailles le vendredi 23 août 1754[2], à six heures vingt-quatre minutes du matin[3].

D'abord duc de Berri.

Roi le 10 mai 1774.

Sacré à Reims[4] le 11 juin 1775.

Suspendu le 10 août 1792.

Détrôné le 21 septembre 1792.

---

1 Motion de Lally-Tollendal, adoptée par l'Assemblée nationale dans la séance du 4 août 1789.

2 La venue au monde de cet enfant destiné à une fin si tragique fut accompagnée de présages qui eussent vivement frappé les esprits s'il se fût agi d'un Dauphin. Mais nul ne pouvait prévoir alors qu'il dût jamais occuper le trône ; en effet, le Dauphin, son frère, avait vingt-cinq ans à peine, et le fils aîné de celui-ci (le duc de Bourgogne, qui mourut en 1761) vivait encore.

Le vendredi était regardé comme un jour néfaste ; dix ans auparavant, il avait fallu rendre une ordonnance pour forcer les marins à mettre à la voile un vendredi (duc de Luynes, *Mémoires*, avril 1744, t. V, p. 405). Aucun prince n'assista à l'accouchement, car la Cour était alors à Choisy. Dès que les douleurs se firent sentir, on expédia au roi un piqueur ; celui-ci se blessa grièvement et ne put continuer sa route (Luynes, 27 août 1754, t. XIII, p. 317). De plus, l'enfant faible et délicat, ne semblait pas devoir vivre. Il faut rappeler qu'arrivé à l'âge d'homme, il devint d'une vigueur exceptionnelle (Soulavie, t. II, p. 48), tempérament qu'il tenait de sa mère, issue de la maison de Saxe, si célèbre par ses robustes générations.

3 *Mercure de France*, n° d'octobre 1754, p. 208. — Le duc de Luynes dit dans ses mémoires : « un peu avant six heures du matin ». T. XIII, p. 316.

4 Au moment où l'archevêque posait sur la tête du roi la couronne dite de Charlemagne, il y porta la main, et murmura : «Elle me gêne ». Mad. Campan, *Mémoires*, t. I, p. 115.

Condamné à mort [1] le 15 janvier 1793.

Guillotiné à Paris, sur la place de la Révolution [2], le 21 janvier 1793, à dix heures vingt-cinq minutes du matin.

Enterré d'abord au cimetière de la Madeleine [3], transporté dans les caveaux de Saint-Denis le 21 janvier 1815 [4], puis dans une chapelle expiatoire.

Femme :

MARIE-ANTOINETTE-Josèphe-Jeanne, fille de François Ier, empereur d'Autriche, et de Marie-Thérèse, reine de Hongrie et de Bohême. — Née à Vienne le 2 novembre 1755 [5]. — Mariée à Versailles le 16 mai 1770 [6]. — Condamnée à mort et guillotinée le 16 octobre 1793. — Enterrée au cimetière de la Madeleine [7].

---

[1] La Convention se composait alors de 749 membres, dont 28 ne votèrent pas. Les 721 votes émis se décomposent ainsi :

2 pour les fers.
286 pour la détention, le bannissement ou la réclusion.
72 pour la mort avec sursis.
361 pour la mort sans condition.

[2] D'abord place Louis XV, puis place de la Révolution, redevenue place Louis XV en 1814, et nommée définitivement place de la Concorde en 1830.

[3] C'est sur son emplacement que fut élevée en 1824 la chapelle expiatoire de la rue d'Anjou.

[4] Pour la forme, car le corps de Louis XVI avait été enfoui, vingt-deux ans auparavant, dans une fosse profonde de douze pieds, puis recouvert de chaux vive.

[5] Jour du tremblement de terre de Lisbonne, qui fit trente mille victimes.

[6] En signant son acte de mariage sur le registre de la paroisse de Notre-Dame à Versailles, elle avait effacé, d'un énorme pâté d'encre, la fin de sa signature. (Feuillet de Conches, *Louis XVI et Marie-Antoinette*, t. I, p. XXVIII). Plus tard, on lui vola son anneau nuptial. (Mad. Campan, *Mémoires*, t. I, p. 208). Les fêtes données à l'occasion de son mariage furent ensanglantées, plus de mille personnes y périrent écrasées ou étouffées, et furent ensevelies dans le cimetière de la Madeleine qui, vingt ans après, devait recevoir son corps décapité.

[7] Voy. ci-dessus.

Enfants :

Marie-Thérèse-Charlotte, dite *Madame royale*. Née à Versailles le 19 décembre 1778. — Mariée le 10 juin 1799 à son cousin Louis-Antoine de Bourbon, duc d'Angoulême [1]. — Morte à Frohsdorf le 19 octobre 1851.

Louis-Joseph-Xavier-François. Né à Versailles le 22 octobre 1781. — Mort à Meudon le 4 juin 1789.

LOUIS XVII.

Marie-Sophie-Hélène-Béatrix. Née à Versailles le 29 juillet 1786. — Morte à Versailles le 19 juin 1787.

XXXIV. — LOUIS XVII

Louis-Charles. — Fils de Louis XVI et de Marie-Antoinette.

Né à Versailles, le 27 mars 1785, à six heures quarante-cinq minutes du soir.

D'abord duc de Normandie, titre qu'aucun fils de France n'avait porté depuis le cinquième fils de Charles VII.

Dauphin le 4 juin 1789.

Roi, suivant la tradition monarchique, le 21 janvier 1793.

Mort au Temple, à Paris, le 8 juin 1795 vers trois heures après midi.

---

[1] Fils du comte d'Artois, qui était lui-même frère de Louis XVI, et qui devint roi sous le nom de Charles X.

Enterré[1] le 10 juin, dans le cimetière contigu à l'église Sainte-Marguerite, au faubourg Saint-Antoine[2].

VI

PREMIÈRE RÉPUBLIQUE

Du 21 septembre 1792 au 18 mai 1804.

I. — CONVENTION.

Du 20 septembre 1792 au 26 octobre 1795.

Le 21 septembre 1792, la Convention déclare la royauté abolie et proclame la république.

Le 10 octobre 1793, elle déclare que « la Convention nationale est le centre unique de l'impulsion du gouvernement ».

[1] On a prétendu que l'enfant mort au Temple n'était pas le fils de Louis XVI, mais un enfant du même âge, scrofuleux comme lui et muet.

C'est un roman qui ne présente aucun caractère de vraisemblance et ne s'appuie sur aucun témoignage sérieux. Le plus connu des imposteurs qui usurpèrent le nom de Louis XVII est un juif prussien nommé Charles-Guillaume Naundorff. Après avoir mené en Allemagne une vie fort peu édifiante, avoir même été condamné comme faux-monnayeur, il finit par mourir à Delft, en Hollande, le 10 août 1845.

[2] Les recherches ordonnées en 1816 ne purent faire découvrir aucun vestige de cette sépulture.

Le 1er avril 1794, la Convention supprime tous les ministères et les remplace par des commissions, dont les membres, choisis dans son sein, prennent le nom de commissaires. Il y eut des commissaires de la guerre, de la marine, des relations extérieures, de l'instruction publique, etc. La Convention se trouva donc investie d'un pouvoir absolu, et ses présidents peuvent dès lors être regardés comme la plus haute expression de l'autorité durant cette période.

En fait, la politique intérieure et extérieure fut surtout dirigée par les comités de *défense nationale*, de *sûreté générale* et de *salut public*, composés de membres pris parmi les personnalités les plus influentes de l'assemblée.

PRÉSIDENTS DE LA CONVENTION

Le président de la Convention était élu pour quinze jours, et rééligible après une quinzaine seulement.

Année 1792.

20 septembre.	P.-J. RUHL, doyen d'âge. Suicidé en 1795.
—	JÉR. PÉTION, premier président élu. Suicidé en 1793.
4 octobre.	J.-P. DE LACROIX. Guillotiné en 1794.
18 —	M.-E. GUADET. Guillotiné en 1794.
1er novembre.	HÉRAULT DE SÉCHELLES. Guillotiné en 1794.
15 —	HENRI GRÉGOIRE. Mort en 1831.
29 —	BARÈRE DE VIEUZAC. Mort en 1841.
13 décembre.	JOS. DEFERMON. Mort en 1831.
27 —	J.-B. TREILHARD. Mort en 1810.

Année 1793.

10 janvier.	P.-V. VERGNIAUD. Guillotiné en 1793.
24 —	RABAUT SAINT-ÉTIENNE. Guillotiné en 1793.

7 février.	J.-J. Bréard. Mort en 1840.
21 —	Dubois de Crancé. Mort en 1814.
7 mars.	A. Gensonné. Guillotiné en 1793.
21 —	J.-A. Debry. Mort en 1834.
4 avril.	J.-F.-B. Delmas. Mort en 1799.
18 —	M.-D.-A. Lasource. Guillotiné en 1793.
2 mai.	Boyer-Fonfrède. Guillotiné en 1793.
17 —	Maximin Isnard. Mort en 1830.
30 —	R.-F.-A. Mallarmé. Mort en 1835.
13 juin.	Collot-d'Herbois. Mort à la Guyane en 1796.
27 —	Thuriot. Mort après 1816.
11 juillet.	Jean Bon Saint-André. Mort en 1813.
25 —	Danton. Guillotiné en 1794.
8 août.	Hérault de Séchelles.
22 —	Robespierre. Guillotiné en 1794.
7 septembre.	Billaud-Varennes. Mort à Haïti en 1819.
19 —	Joseph Cambon. Mort en 1820.
3 octobre.	Ch. Charlier. Suicidé en 1797.
22 —	Moïse Bayle. Mort en 1815.
6 novembre.	P.-A. Laloy. Mort en 1846.
21 —	G. Romme. Suicidé en 1795.
6 décembre.	H. Voulland. Mort en 1802.
21 —	A. Couthon. Guillotiné en 1794.

Année 1794.

5 janvier.	J.-L. David. Mort en 1825.
20 —	M.-G.-A. Vadier. Mort en 1828.
4 février.	B. du Barran. Mort en 1816.
19 —	Saint-Just. Guillotiné en 1794.
6 mars.	P.-J. Ruhl.
21 —	J.-L. Tallien. Mort en 1820.
5 avril.	J.-P. Amar. Mort en 1816.
20 —	Robert Lindet. Mort en 1825.
5 mai.	Lazare Carnot. Mort en 1823.
20 —	Prieur, dit *de la Côte-d'Or*. Mort en 1832.

4 juin.	ROBESPIERRE.
19 —	ÉLIE LACOSTE. Mort en 1830.
4 juillet.	LOUIS, dit *du Bas-Rhin*. Mort en 1796.
19 —	COLLOT-D'HERBOIS.
3 août.	MERLIN, dit *de Douai*. Mort en 1838.
18 —	MERLIN, dit *de Thionville*. Mort en 1842.
2 septembre.	BERNARD, dit *de Saintes*. Mort en 1818.
22 —	ANDRÉ DUMONT. Mort en 1836.
7 octobre.	CAMBACÉRÈS. Mort en 1824.
22 —	PRIEUR, dit *de la Marne*. Mort en 1827.
6 novembre.	L. LEGENDRE. Mort en 1797.
24 —	J.-B. CLAUSEL. Mort en 1804.
6 décembre.	J.-B. REWBELL. Mort en 1816.
21 —	P. BENTABOLLE. Mort en 1798.

Année 1795.

5 janvier.	H. LETOURNEUR. Mort en 1817.
20 —	J.-S. ROVÈRE. Mort à la Guyane en 1798.
4 février.	BARRAS. Mort en 1829.
19 —	BOURDON, dit *de l'Oise*. Mort à la Guyane en 1797.
6 mars.	THIBAUDEAU. Mort en 1813.
24 —	PELET, dit *de la Lozère*. Mort en 1842.
5 avril.	BOISSY-D'ANGLAS. Mort en 1826.
20 —	E.-J. SIEYÈS. Mort en 1836.
5 mai.	TH. VERNIER. Mort en 1818.
25 —	MATHIEU-MIRAMPAL. Mort en 1833.
4 juin.	J.-D. LANJUINAIS. Mort en 1827.
19 —	LAREVELLIÈRE-LÉPAUX[1]. Mort en 1824.
4 juillet.	LOUVET DE COUVRAY. Mort en 1797.
12 —	DOULCET DE PONTÉCOULANT. Mort en 1853.

---

[1] Sur les différentes orthographes de ce nom, voy. une monographie publiée par M. E. Charavay, p. 7.

3 août.	DAUNOU. Mort en 1840.
19 —	H. LARIVIÈRE. Mort en 1838.
2 septembre.	TH. BERLIER. Mort vers 1840.
22 —	BAUDIN, dit *des Ardennes*. Mort en 1799.
7 octobre.	GENISSIEUX. Mort en 1804.

Dernière séance de la Convention : 26 octobre 1795 (4 brumaire an IV). Elle avait siégé trois ans, un mois et quatre jours.

II. — DIRECTOIRE.

Du 27 octobre 1795 au 10 novembre 1799.

Issu de la *constitution* dite *de l'an III*, proclamée loi fondamentale de la république en vertu de l'acceptation du peuple, le 23 septembre 1795.

LE POUVOIR LÉGISLATIF était confié à deux pouvoirs élus :

1° Le *Conseil des Cinq-Cents*, composé de cinq cents membres, âgés de trente ans au moins, élus au second degré par les assemblées électorales [1]. Le conseil est renouvable tous les ans par tiers [2]. Il est chargé de proposer les lois [3].

2° Le *Conseil des Anciens*, composé de deux cent cinquante membres, âgés de quarante ans au moins, mariés ou veufs [4], élus dans les mêmes conditions que les membres du conseil des Cinq-Cents. Le conseil des Anciens est chargé « d'approuver ou de rejeter » les décisions du conseil des Cinq-Cents [5].

---

[1] Articles 33 et suiv.
[2] Article 53.
[3] Article 76.
[4] Article 83.
[5] Article 86.

Le POUVOIR EXÉCUTIF est délégué à cinq *Directeurs*, nommés par le corps législatif [1] et renouvelés, d'année en année, par cinquième [2].

« Nul ne peut être empêché d'exercer le culte qu'il a choisi. Nul ne peut être forcé de contribuer aux dépenses d'un culte. La république n'en salarie aucun [3] ».

Les *Anciens* siégèrent aux Tuileries, dans la salle que la Convention venait de quitter. Les *Cinq-Cents* occupèrent la salle dite *du Manège*, située sur l'emplacement de la rue de Rivoli actuelle, à la hauteur de la rue Castiglione [4]. Le *Directoire* s'installa au Luxembourg.

Premiers directeurs [5] :

REWBELL [6]. Affaires étrangères.
LAREVELLIÈRE-LÉPAUX [7]. Intérieur et justice.
LETOURNEUR [8]. Marine.
L. CARNOT [9]. Guerre.
BARRAS [10]. Police.

---

1 Article 132.
2 Article 137.
3 Article 354.
4 Avant la fin de l'année, le Conseil quitta cette salle incommode et se transporta au Palais-Bourbon, devenu propriété nationale, et où siège aujourd'hui la Chambre des députés.
5 Choisis par les *Anciens* sur une liste de cinquante candidats dressée par les *Cinq-Cents*.
6 Jean-François. Né à Colmar. D'abord avocat. Mort dans cette ville entre 1807 et 1810.
7 Louis-Marie. Né à Montaigu, dans la Vendée. D'abord avocat. Un des rédacteurs de la constitution de l'an III. Mort à Paris en mars 1824.
8 Antoine-François-Louis-Honoré. Né à Granville (Manche). D'abord capitaine du génie. Banni comme régicide en 1815. Mort en Belgique au mois de novembre 1817.
9 Lazare-Nicolas-Marguerite. Né à Nolay (Côte d'or). Général de division en 1813. Banni comme régicide en 1815. Mort à Magdebourg au mois d'août 1823.
10 Paul-Jean-François, vicomte de Barras. Né dans le Var. D'abord officier. Mort à Chaillot, près de Paris, en janvier 1829.

BIBLIOTHÈQUE NATIONALE R.F. IMPRIMÉS

Successivement remplacés par :

F. Barthélemy [1].
Sieyès [2].
Roger-Ducos [3].
J.-F.-A. Moulins [4].
Merlin, dit *de Douai* [5].
François, dit *de Neufchâteau* [6].
Treilhard [7].
Gohier [8].

---

[1] François. Né à Aubagne. Diplomate. Rédacteur de la Charte de 1814. Nommé pair et marquis par Louis XVIII. Mort à Paris en avril 1830.

[2] Emmanuel-Joseph. Né à Fréjus. Vicaire général de Chartres en 1789. Banni comme régicide en 1815. Rédacteur de la constitution de l'an VIII. Comte de l'Empire. Mort à Paris en juin 1836.

[3] Né à Dax. D'abord avocat. Président du conseil des Anciens au 18 fructidor. Banni comme régicide en 1815. Mort en Autriche au mois de mars 1816.

[4] Né à Caen. Enrôlé volontaire en 1791. Général de division en 1794. Mort à Pierrefitte en mars 1810.

[5] Philippe-Antoine. Né à Arleux (Nord). D'abord avocat. Banni comme régicide en 1815. Procureur général à la cour de Cassation. Comte de l'Empire. Mort à Paris en décembre 1838.

[6] Nicolas. Né à Saffais (Meurthe). Littérateur. Membre de l'Institut. Comte de l'Empire. Mort à Paris en janvier 1828.

[7] Jean-Baptiste. Né à Brive (Corrèze). Avocat au Parlement de Paris. Membre du comité de Salut public en 1793. Puis conseiller d'État, sénateur et comte de l'Empire. Mort à Paris en décembre 1810.

[8] Louis-Jérôme. Né dans la Touraine. D'abord avocat à Rennes. Président du Directoire au 18 brumaire. Mort près de Paris en mai 1830.

III. — CONSULAT

Du 10 novembre 1799 au 18 mai 1804.

Issu de la journée du 18 brumaire an VIII (9 novembre 1799), où Bonaparte renversa le Directoire. Un décret rendu le 10 novembre, par la minorité des *Cinq-Cents* et la majorité des *Anciens*, institua trois consuls provisoires:

BONAPARTE.
SIEYÈS.
ROGER-DUCOS.

La *constitution* dite *de l'an VIII*, promulguée le 24 décembre 1799, partagea le pouvoir législatif entre un Conseil d'État, un Tribunat, un Corps législatif et un Sénat conservateur.

Le *Conseil d'Etat* préparait les lois.

Le *Tribunat*, composé de cent membres, âgés de vingt-cinq ans au moins et renouvelables tous les ans par cinquième [1], discutait les projets de loi proposés par le Conseil d'État, décidait s'il les soutiendrait ou les combattrait devant le corps législatif [2].

Le *Corps législatif*, composé de trois cents membres, âgés de trente ans au moins et renouvelés tous les ans par cinquième [3], était une sorte d'aréopage qui, après avoir entendu les conseillers d'État et les tribuns, votait, « au scrutin secret et sans aucune discussion, » le rejet ou l'acception de la loi [4].

Le *Sénat conservateur*, composé de quatre-vingts membres, âgés de quarante ans au moins, inamovibles et nommés à vie, repoussait toute loi qui lui paraissait contraire à la constitution. Il élisait le corps législatif, les

---

1 Article 27.
2 Article 28.
3 Article 31.
4 Article 34.

tribuns, les consuls et les juges de cassation sur des listes dressées d'après le suffrage des électeurs [1]. Les sénateurs ne pouvaient remplir aucune autre fonction publique [2].

Tout Français âgé de vingt et un ans était électeur [3], mais les élections avaient lieu au quatrième degré, y compris le choix fait par le sénat.

Le *pouvoir exécutif* appartenait à trois CONSULS nommés *pour dix ans* et indéfiniment rééligibles [4]. Savoir :

1er consul, BONAPARTE.
2e — CAMBACÉRÈS [5].
3e — LEBRUN [6].

La constitution de l'an VIII, soumise à la sanction du peuple, fut acceptée par 3.011.107 suffrages contre 1.562, sur 3.012.669 votants.

Le plébiscite du 2 août 1802 nomma Bonaparte PREMIER CONSUL A VIE [7], titre qu'il échangea, le 18 mai 1804, contre celui d'EMPEREUR [8].

---

[1] Article 20.
[2] Article 18.
[3] Article 2.
[4] Article 39.
[5] Né à Montpellier. D'abord conseiller à la cour des Aides. Un des rédacteurs du *Code civil*. Archichancelier, duc de Parme et prince de l'Empire. Exilé en 1816. Mort à Paris en mars 1824.
[6] Charles-François. Membre du conseil des Cinq-Cents. Architrésorier. Duc de Plaisance. Membre de l'Institut. Pair de France en 1819. Mort en mai 1824.

[7] ART. 39. — Les Consuls sont à vie. Ils sont membres du Sénat et le président.

ART. 40. — Le second et le troisième Consuls sont nommés par le Sénat, sur la présentation du premier.

(*Sénatus-consulte du 4 août 1802*).

[8] ART. 1er. — Le gouvernement de la République est confié à un empereur, qui prend le titre d'EMPEREUR DES FRANÇAIS.

ART. 2. — NAPOLÉON BONAPARTE, premier consul actuel de la République, est EMPEREUR DES FRANÇAIS.

ART. 3. — La dignité impériale est héréditaire dans la descendance directe, naturelle et légitime de Napoléon Bonaparte, de mâle en mâle, par ordre de primogéniture, et à l'exclusion perpétuelle des femmes et de leur descendance.

(*Sénatus-consulte du 18 mai 1804*).

SUCCESSION AU TRONE

Les Napoléons.

Charles Bonaparte

35. Napoléon Ier empereur	JOSEPH roi de Naples et roi d'Espagne	LUCIEN prince de Canino	ÉLISA mariée au comte Baciocchi	LOUIS roi de Hollande	PAULINE mariée au général Leclerc, puis au prince Borghèse duc de Guastalla	CAROLINE mariée à Joachim Murat, roi de Naples	JÉROME roi de Westphalie
François-Charles roi de Rome (**36. Napoléon II**)				**40. Napoléon III**			Joseph-Charles dit *prince Jérôme*
				Louis-Eugène (prince impérial)			Victor Napoléon — Louis Napoléon

Le prince Victor est aujourd'hui le chef de la *dynastie napoléonienne.*

Le droit de succession au trône impérial avait été réglé par la loi du 28 floréal an XII et par celle du 5 frimaire an XIII. A défaut de descendants directs de l'empereur, elles attribuaient l'hérédité aux fils de Joseph et à ceux de Louis, à l'exclusion de ceux de Lucien.

Le roi de Rome (duc de Reichstadt et Napoléon II) étant mort en 1832 sans postérité, et Joseph n'ayant eu que des filles, le droit à la couronne revenait à Louis-Napoléon (Napoléon III), fils de Louis.

Le fils de Napoléon III étant mort en 1879 sans postérité, le chef de la dynastie napoléonienne est aujourd hui le prince Victor Napoléon, petit-fils de Jérôme.

VII

PREMIER EMPIRE

Du 18 mai 1804 au 3 avril 1814.

XXXV. — NAPOLÉON Ier [1].

Dit *le Grand*.

Fils de Carlo-Maria Buonaparte et de Maria-Lœtizia Ramolino.

---

[1] Napoleone Buonaparte.

Il a eu sept frères et sœurs. Savoir :

I. Joseph. Né à Corte le 7 janvier 1768. — Roi de Naples en 1806.—Roi d'Espagne en 1808.—Mort à Florence le 28 juillet 1844.

II. Lucien. Né à Ajaccio le 21 mars 1775. — Prince de Canino en 1804. — Mort à Rome le 29 juin 1840.

III. Elisa. Née à Ajaccio le 3 janvier 1777. — Mariée en 1797 au comte Baciocchi. — Morte près de Trieste le 7 août 1820.

IV. Louis. Né à Ajaccio le 2 septembre 1778. — Roi de Hollande en 1806. — Mort à Livourne le 25 juillet 1846.

Il avait épousé, en 1802, Hortense de Beauharnais, fille de Joséphine, dont il eut trois fils : *Charles*, né le 10 octobre 1802. Mort le 5 mai 1807. — *Louis*, né le 11 octobre 1804. Mort le 17 mars 1831. — *Charles-Louis*, devenu Napoléon III.

V. Pauline. Née à Ajaccio le 20 octobre 1780. — Mariée en 1801, avec le général Leclerc. — Veuve en 1802. — Remariée en 1803, avec Camille, prince Borghese et duc de Guastalla. — Morte à Florence le 9 juin 1825.

VI. Caroline. Née le 25 mars 1782. — Mariée, en 1800, avec Joachim Murat. — Morte le 18 mai 1839.

VII. Jérome. Né à Ajaccio le 15 novembre 1784. — Roi de Westphalie en 1807. — Mort à Villegenis (Seine-et-Oise) le 24 juin 1860.

Parmi ses enfants : *Jérôme-Charles*, né en 1814, mort en 1847 ; *Mathilde*, née en 1820, morte le 2 janvier 1904 ; *Joseph-Charles*, né en 1822, marié avec Clotilde-Marie-Thérèse, fille du roi Victor-Emmanuel, mort le 18 mars 1891, laissant deux fils : Victor, né en 1862, et Louis, né en 1864. (Voy. le tableau n° 4).

Né à Ajaccio, le 15 août 1769 [1].
Consul provisoire, le 10 novembre 1799.
Premier consul, le 24 décembre 1799.
Consul à vie, le 2 août 1802.
Empereur [2], le 18 mai 1804.
Sacré dans l'église Notre-Dame à Paris, le 2 décembre 1804.
Sacré roi d'Italie à Milan, le 26 mai 1805.
Déclaré déchu du trône le 3 avril 1814.
Abdique le 11 avril 1814.
Reprend le pouvoir le 20 mars 1815.
Abdique de nouveau le 22 juin 1815.
Meurt, à l'île Sainte-Hélène, d'un cancer de l'estomac, le 5 mai 1821.
Inhumé à l'hôtel des Invalides le 15 décembre 1840 [3].

Femmes :

Marie-Josèphe-Rose Tascher de la Pagerie, dite JOSÉPHINE. — Née à la Martinique le 23 juin 1763 [4]. — Mariée le 13 décembre 1779 avec le vicomte Alexandre de Beauharnais. — Veuve le 23 juin 1794. — Remariée le 9 mars 1796 [5], vers dix heures du soir. — Sacrée le 2 décembre 1804. — Divorcée le 16 décembre 1809. — Morte à la Malmaison le 29 mai 1814.

Léopoldine-Françoise-Thérèse-Joséphine-Lucie-MARIE-LOUISE, fille de François II, empereur d'Autriche, et de

---

[1] On l'a fait naître aussi à Corte, le 7 janvier 1768, désignations qui appartiennent à son frère Joseph.

[2] L'empire fut voté par 3.572.320 suffrages contre 2.569.

[3] La livrée Napoléonienne était verte.

Bonaparte, encore premier consul, institua, le 19 mai 1802, l'ordre de la Légion d'honneur, qui devait se composer de seize cohortes et de 6.412 membres seulement.

[4] Dans son contrat de mariage, Joséphine se rajeunit, et donna la date du 23 juin 1767. Elle se trouvait avoir ainsi deux ans de moins que son mari.

[5] Le mariage religieux fut célébré seulement huit ans après, dans la nuit qui précéda le sacre.

Marie-Thérèse, fille de Ferdinand IV, roi de Naples. — Née à Vienne le 12 décembre 1791. — Mariée le 1er avril 1810. — Duchesse de Parme le 11 avril 1814. — Remariée secrètement avec le comte de Neipperg après 1821. — Morte à Vienne le 18 décembre 1847.

Enfants :

Enfants adoptifs, issus de Joséphine et du vicomte de Beauharnais :

EUGÈNE-Rose de Beauharnais. Né à Paris le 3 septembre 1781. — Adopté en 1806. — Duc de Leuchtenberg, prince d'Eischtædt, roi d'Italie. — Mort le 22 février 1824.

Eugénie-HORTENSE de Beauharnais. Née à Paris le 10 avril 1783. — Mariée le 3 janvier 1802 avec Louis Bonaparte, fait roi de Hollande en 1806. — Adoptée en 1806. — Morte à Arenenberg le 5 octobre 1837. — Son troisième fils devint l'empereur Napoléon III.

Fils de Marie-Louise :

NAPOLÉON II.

XXXVI. — NAPOLÉON II.

François-Charles-Joseph. Fils de Napoléon Ier et de Marie-Louise.

Né à Paris le 20 mars 1811.

D'abord roi de Rome.

Empereur fictif par l'abdication de son père, le 6 avril 1814 [1].

---

[1] Le décret sénatorial du 3 avril 1814 déclara Napoléon déchu du trône, le droit d'hérédité aboli dans sa famille, et le peuple français délié du serment de fidélité qui lui avait été prêté.

Duc de Reichstadt le 18 juillet 1818.

Mort phtisique à Schœnbrunn, près de Vienne, le 22 juillet 1832, vers cinq heures du matin.

Enterré à Vienne, dans l'édifice consacré aux tombeaux de la famille impériale d'Autriche.

Le 1er avril 1814, le Sénat élut membres d'un gouvernement provisoire, MM. :

De Talleyrand [1].
Général comte de Beurnonville [2].
Marquis de Jaucourt [3].
Duc de Dalberg [4].
Abbé de Montesquiou [5].

---

[1] Charles-Maurice de Talleyrand-Périgord. Né à Paris. Prince de l'Empire, puis pair de France et chambellan de Louis XVIII. Mort en mai 1838.

[2] Né à Champignol (Aube), Engagé volontaire en 1774. Sénateur et comte de l'Empire. Maréchal de France en 1817. Mort en avril 1821.

[3] Né à Paris. Président du Tribunat, sénateur, puis pair de France. Mort en février 1852.

[4] Né à Mayenne. Conseiller d'État et duc de l'Empire, puis pair de France. Mort en avril 1833.

[5] François-Xavier de Montesquiou-Fezensac. Né près d'Auch. Pair de France, comte puis duc. Mort en février 1832.

VIII

RESTAURATION

Du 6 avril 1814 au 2 août 1830.

La constitution du 6 avril 1814 porte que :

« Article 1er : Le gouvernement français est monarchique et héréditaire de mâle en mâle, par ordre de primogéniture.

Article 2e : Le peuple français appelle librement au trône de France Louis-Stanislas-Xavier de France, frère du dernier roi, et après lui les autres membres de la maison de Bourbon ».

La charte constitutionnelle, *octroyée* par Louis XVIII, promulguée le 10 juin 1814, défère le pouvoir exécutif au roi, dont « la personne est inviolable et sacrée », et qui gouverne par des ministres responsables [1].

Le pouvoir législatif appartient à deux chambres :

1° La *chambre des pairs*, composée de membres en nombre illimité, que le roi peut « nommer à vie ou rendre héréditaires selon sa volonté [2] ».

2° La *chambre des députés*, élue pour cinq ans par les deux cent mille Français payant trois cents francs de contributions directes [3]. Le président était nommé par le roi sur une liste de cinq membres présentés par la

---

[1] Article 13.
[2] Article 27.
[3] Article 40.

chambre [1]. Pour être éligible, il fallait être âgé de quarante ans et payer mille francs de contributions [2].

La religion catholique est déclarée *religion de l'État* [3].

XXXVII. — LOUIS XVIII.

Dit *le Désiré* [4].

Louis-Stanislas-Xavier. Fils du Dauphin Louis, fils de Louis XV, et de Marie-Josèphe de Saxe.

Né à Versailles le 17 novembre 1755.

D'abord comte de Provence.

Roi, d'après la fiction monarchique, le 8 juin 1795, jour de la mort de Louis XVII, mais en réalité le 6 avril 1814.

Mort à Paris le 16 septembre 1824, vers quatre heures du matin [5].

Enterré à Saint-Denis [6].

Femme :

Marie-Joséphine-Louise de Savoie, fille de Victor-Amédée III, roi de Sardaigne. — Née le 2 septembre

---

1 Article 43.

2 Article 38.

3 Article 6.

4 Pendant l'émigration, il se fit appeler *comte de Lille.*

5 Louis XVIII, Louis-Philippe Ier et Napoléon III sont les seuls souverains français qui n'aient pas été sacrés.

Louis XVIII reconnut plusieurs des anciens ordres, ceux de *Saint-Michel*, du *Saint-Esprit*, de *Saint-Louis* et du *Mérite militaire.* Il créa l'*ordre du Lis* (5 août 1814), fleur de lis d'argent suspendue à un ruban moiré blanc, ordre qui fut prodigué et vite décrié.

Louis XVIII reprit la livrée tricolore.

6 Il y attend encore un successeur, car il est le dernier souverain de France qui soit mort sur le trône.

1753. — Mariée à Versailles le 14 mai 1771. — Morte à Hartwell, en Angleterre, le 13 novembre 1810.
Sans postérité.

XXXVIII. — CHARLES X.

Charles-Philippe. Fils du Dauphin Louis, fils de Louis XV, et de Marie-Josèphe de Saxe.
Né à Versailles le 9 octobre 1757.
D'abord comte d'Artois.
Roi le 16 septembre 1824.
Sacré à Reims le 29 mai 1825.
Abdique[1] à Rambouillet le 2 août 1830.
Meurt du choléra, à Göritz en Illyrie, le 6 novembre 1836, à une heure et demie du matin.
Enterré dans le couvent des Franciscains de Göritz[2].

Femme :

MARIE-THÉRÈSE DE SAVOIE, fille de Victor-Amédée III, roi de Sardaigne[3]. — Née le 31 janvier 1756. —

---

1 Par une lettre adressée au duc d'Orléans, et qui commence ainsi : « Je suis trop profondément peiné des maux qui affligent ou qui pourraient menacer mes peuples pour n'avoir pas cherché un moyen de les prévenir. J'ai donc pris la résolution d'abdiquer la couronne en faveur de mon petit-fils le duc de Bordeaux. Le Dauphin (le duc d'Angoulême), qui partage mes sentiments, renonce aussi à ses droits en faveur de son neveu. Vous aurez donc, en votre qualité de lieutenant général du royaume (Voy ci-dessous), à faire proclamer l'avènement de Henri V à la couronne ».

2 Charles X, qui avait d'abord adopté comme couleur le vert, prit en montant sur le trône la livrée tricolore.

Il est curieux de constater dans quelles conditions presque identiques finirent les Capétiens directs (Voy. ci-dessus, p. 35), les Valois (page 72) et les Bourbons de la branche aînée.

3 Elle était sœur cadette de la comtesse de Provence.

Mariée à Versailles le 16 novembre 1773. — Morte à Gratz le 2 juin 1805.

Enfants :

Louis-Antoine, DUC D'ANGOULÊME. Né à Versailles le 6 août 1775. — Marié le 10 juin 1799 avec Marie-Thérèse-Charlotte de France [1]. — Renonce à ses droits au trône le 2 août 1830. — Meurt à Göritz le 3 juin 1844, sans postérité.

SOPHIE, dite *Mademoiselle*. Née à Versailles le 5 août 1776. — Morte le 5 décembre 1783.

Charles-Ferdinand, DUC DE BERRI, né à Versailles le 24 janvier 1778. — Marié à Londres, vers 1807, avec miss Amy Brown, qu'il abandonna après en avoir eu deux filles, dont la seconde épousa le baron de Charette. — Remarié à Paris, le 17 juin 1816, avec *Marie-Caroline-*Fernande-Louise, fille de François Ier, roi des Deux-Siciles, morte en Styrie le 17 avril 1870. — Assassiné à Paris le 13 février 1820.

Marie-Caroline lui donna quatre enfants : I. Louise-Isabelle, née le 13 juillet 1817, morte le lendemain. — II. N., née le 13 septembre 1818, morte le même jour. — III. Louise-Marie-Thérèse, dite *Mademoiselle*, née à Paris le 21 septembre 1819, mariée en 1845 avec Charles III, duc de Parme. — IV. HENRI V.

N., dite *Mademoiselle d'Angoulême*, née à Versailles le 6 janvier 1783. Morte le 22 juin suivant.

---

[1] *Madame royale*, fille de Louis XVI.

HENRI V

Dit l'*Enfant du miracle* [1].

Henri-Charles-Ferdinand-Marie-Dieudonné d'Artois.

Fils du duc de Berri, fils de Charles X, et de Marie-Caroline.

Né posthume à Paris le 29 septembre 1820.

D'abord duc de Bordeaux, puis comte de Chambord.

Roi, d'après la fiction monarchique, le 2 août 1830, jour de l'abdication de Charles X.

Mort à Frohsdorf, en Autriche, le 24 août 1883.

Enterré à Göritz, près de son grand-père Charles X.

Femme :

Marie-Thérèse-Béatrix-Gaëtane, fille de François IV, duc de Modène. — Née le 14 juillet 1817. — Mariée le 16 novembre 1846.

Sans postérité.

Henri V a donc été le dernier descendant de la branche aînée des Bourbons.

---

[1] Parce qu'il naquit sept mois après la mort de son père, et que cette naissance prolongea l'existence de la branche aînée des Bourbons, sur le point de s'éteindre. Elle la prolongea de quelques années seulement, puisque ce prince mourut à soixante-trois ans sans laisser d'enfant.

IX

BRANCHE CADETTE DES BOURBONS

Du 9 août 1830 au 24 février 1848.

Charles X avait abdiqué en faveur de son petit-fils (HENRI V), alors âgé de dix ans. Mais la chambre des députés proclama roi des Français [1] Louis-Philippe, duc d'Orléans, chef de la branche cadette des Bourbons.

Elle descendait de Philippe, duc d'Orléans, frère de Louis XIV.

La généalogie s'établit ainsi :

PHILIPPE d'ORLÉANS, frère de Louis XIV. Mort en 1701.

PHILIPPE II, *le Régent*. Mort en 1723.

LOUIS, DUC DE CHARTRES. Mort en 1752.

LOUIS-PHILIPPE. Mort en 1785.

LOUIS-PHILIPPE-JOSEPH, dit *Philippe-Égalité*. Guillotiné en 1793.

LOUIS-PHILIPPE Ier, roi des Français [2].

La *charte de 1830*, votée le 7 août, est *acceptée* le 9 par Louis-Philippe, qui prend le titre de *roi des Français*. Le nombre des pairs est illimité ; le roi « peut les nommer à vie ou les rendre héréditaires, selon sa

---

[1] Par 210 voix contre 33, sur 250 votants.
[2] Voy. le tableau n° 3.

volonté [1] ». Les députés sont élus pour cinq ans [2]. La religion catholique est déclarée religion de *la majorité des Français* [3].

La loi du 19 avril 1831 exige le paiement de cinq cents francs de contributions directes pour être éligible comme député [4], de deux cents francs pour être électeur [5]. « Sont en outre électeurs, en payant cent francs de contributions directes, les membres et correspondants de l'Institut, et les officiers jouissant d'une pension de retraite de douze cents francs au moins » [6].

XXXIX — LOUIS-PHILIPPE Ier.

Fils de Louis-Philippe-Joseph, duc d'Orléans, dit *Philippe-Égalité*, guillotiné le 6 novembre 1793, et de Louise-Marie-Adélaïde de Bourbon, fille du duc de Penthièvre, morte en 1821 [7].

Né au Palais-Royal, à Paris, le 6 octobre 1773.

D'abord duc de Valois, puis duc de Chartres, puis duc d'Orléans.

---

1 Article 23.
2 Article 31.
3 Article 6.
4 Article 59.
5 Article 1.
6 Article 3. — C'est ce qu'on appela l'*adjonction des capacités.*

7 Frères et sœur de Louis-Philippe :

I. Antoine-Philippe, *duc de Montpensier*, né le 3 juillet 1775, mort le 18 mars 1807.

II. Lucile-Marie-*Adélaïde*-Eugénie, dite *Mademoiselle d'Orléans*, née le 23 août 1777, morte le 31 décembre 1847.

III. Alphonse-Léodegar, *comte de Beaujolais*, né le 7 octobre 1779, mort le 14 mai 1808.

Lieutenant général du royaume le 30 juillet 1830 [1].
Roi des Français le 9 août 1830 [2].
Abdique le 24 février 1848.
Meurt à Claremont, en Angleterre, le 26 août 1850.

Femme :

MARIE-AMÉLIE *de Bourbon*, fille de Ferdinand Ier, roi des Deux-Siciles, et de Marie-Caroline, archiduchesse d'Autriche. — Née à Caserte le 26 avril 1782, — Mariée à Palerme le 25 novembre 1809. — Morte à Claremont le 24 mars 1866.

Enfants :

FERDINAND-Philippe-Louis-Charles-Henri, DUC D'ORLÉANS. Né à Palerme le 3 septembre 1810. — Marié le 30 mai 1837. — Mort d'accident à Neuilly-sur-Seine le 13 juillet 1842.

Sa femme, HÉLÈNE-Louise-Élisabeth de Mecklembourg-Schwerin [3], lui donna deux fils : I. Louis-Philippe-Albert, *comte de Paris*, devenu PHILIPPE VII. — II. Robert-Philippe-Louis-Eugène-Ferdinand, *duc de Chartres*, né à Paris le 9 novembre 1840.

LOUISE-Marie-Thérèse-Caroline-Isabelle, dite *Mademoiselle*. Née à Palerme le 3 avril 1812. — Mariée le

---

1 On sait moins qu'il reçut une seconde fois ce titre et de la main de Charles X. L'ordonnance du 1er août, datée de Rambouillet, où le roi s'était réfugié, commence ainsi : « Le roi voulant mettre fin aux troubles qui existent dans la capitale, comptant d'ailleurs sur le sincère attachement de son cousin le duc d'Orléans, le nomme lieutenant général du royaume ».

2 « La Chambre des députés déclare que l'intérêt universel et puissant du peuple français appelle au trône S. A. R. Louis-Philippe d'Orléans, duc d'Orléans, lieutenant général du royaume et ses descendants à perpétuité, de mâle en mâle, par ordre de primogéniture, et à l'exclusion perpétuelle des femmes et de leur descendance ».

(*Déclaration de la Chambre des députés,* 7 août 1830).

3 Morte au château de Richemont (Angleterre) le 18 mai 1858.

3 août 1832 avec Léopold II, roi des Belges. — Morte en octobre 1850.

Marie-Christine-Caroline-Adélaïde-Françoise-Léopoldine, dite *Mademoiselle de Valois*. Née en 1813. — Mariée en 1837 avec Frédéric-Guillaume, duc de Wurtemberg. — Morte le 2 janvier 1839.

Louis-Charles-Philippe-Raphaël, duc de Nemours. Né à Paris le 25 octobre 1814. — Marié le 27 avril 1840. — Mort à Versailles en juin 1896.

Sa femme, Victoire-Auguste-Antoinette de Saxe-Cobourg-Gotha, morte en 1857, lui a donné quatre enfants, dont deux fils : le *comte d'Eu* né en 1842, marié en 1864 à la fille de Pedro II, empereur du Brésil ; et le *duc d'Alençon*, né en 1844. — Une des filles, née en 1872, a épousé le prince Czartoryski.

Marie-Clémentine-Caroline-Léopoldine-Clotilde, dite *Mademoiselle de Beaujolais*. Née en 1817. — Mariée en 1843 avec le duc de Saxe-Cobourg-Cohari.

François-Ferdinand-Philippe-Louis-Marie, prince de Joinville. Né à Neuilly le 14 août 1818. — Marié le 1er mai 1843.

Sa femme, Francesca de Bragance, fille de Pedro Ier, empereur du Brésil, lui a donné deux enfants : une fille, née en 1844, qui a épousé son cousin le duc de Chartres ; et un fils, le *duc de Penthièvre*, né en 1845.

Henri-Eugène-Philippe-Louis, duc d'Aumale. Né à Paris le 16 janvier 1822. — Marié le 25 novembre 1844. — Membre de l'Académie française le 30 décembre 1871. — Mort à Zucco en Sicile en 1897.

Sa femme Marie-Caroline-Auguste de Bourbon, fille du prince Léopold de Salerne, lui a donné deux fils : le *prince de Condé*, né en 1845, mort en 1866 ; le *duc de Guise*, né en 1854, mort en 1872.

Antoine-Marie-Philippe-Louis, duc de Montpensier. Né à Neuilly le 31 juillet 1824. — Marié à Madrid, le 10 octobre 1846, avec Marie-Louise-Ferdinande de

Bourbon, sœur d'Isabelle II, reine d'Espagne. — Mort au château de San-Lucar, près de Séville, le 4 février 1890.

Il a eu trois fils et quatre filles. L'aînée des filles a épousé en 1864 son cousin le comte de Paris (PHILIPPE VII). La troisième, Mercedes, morte en 1878, avait épousé le roi Alfonse XII. Le seul survivant des trois fils, Antoine, est marié à l'infante Eulalie, sœur d'Alfonse XII.

Le duc de Bordeaux (HENRI V), dernier représentant de la branche aînée des Bourbons, étant mort le 24 août 1883, le droit à la couronne passa à la branche cadette, dans la personne du comte de Paris, qui prit le nom de PHILIPPE VII.

PHILIPPE VII.

Louis-Philippe-Albert. Fils aîné de Ferdinand-Philippe, duc d'Orléans, et d'Hélène-Louise de Mecklembourg-Schwerin.

Né à Paris le 24 août 1838.

D'abord *comte de Paris*.

Roi fictif le 24 août 1883, jour de la mort de Henri V.

Mort à Stowe-House, en Angleterre, le 8 septembre 1894.

Femme :

Marie-ISABELLE-Françoise d'Orléans, fille du duc de Montpensier et de Marie de Bourbon. — Née le 21 septembre 1848. — Mariée le 30 mai 1864.

Enfants :

MARIE-AMÉLIE-Louise-Hélène. Née à Twickenham le 28 septembre 1865. — Mariée à Lisbonne le 22 mai 1886 avec Charles de Bragance, devenu roi du Portugal (Carlos Ier).

PHILIPPE VIII.

Louise-HÉLÈNE-Henriette. Née à Twickenham le 17 juin 1871.

Marie-ISABELLE. Née au château d'Eu le 7 mai 1878.

LOUISE-Françoise. Née à Cannes le 24 février 1882.

FERDINAND-François. Né au château d'Eu le 9 septembre 1884.

PHILIPPE VIII.

Louis-Philippe-Robert. Fils de Philippe VII et d'Isabelle d'Orléans.

Né à York-House, près Twickenham, en Angleterre, le 6 février 1869.

D'abord *duc d'Orléans*.

Roi fictif le 8 septembre 1894, jour de la mort de Philippe VII.

X

DEUXIÈME RÉPUBLIQUE

Proclamée par le peuple le 24 février 1848, puis par l'Assemblée constituante le 4 mai suivant [1].

Gouvernement provisoire,

« Sorti d'acclamation et d'urgence, par la voix du peuple et des députés des départements », dans la séance du 24 février :

DUPONT (de l'Eure) [2].
LAMARTINE [3].
AD. CRÉMIEUX [4].
FR. ARAGO [5].

---

[1] « L'Assemblée nationale, fidèle interprète des sentiments du peuple qui vient de la nommer, avant de commencer ses travaux, déclare :

Au nom du peuple français et à la face du monde entier que la RÉPUBLIQUE, proclamée le 24 février 1848, est et restera la forme du gouvernement de la France.

La République que veut la France a pour devise : *Liberté, Égalité, Fraternité* ».

(*Proclamation du 4 mai 1848*).

[2] Jacques-Charles. Né à Neubourg (Eure). Magistrat. Mort en mars 1855.

[3] Né à Mâcon. Mort à Paris en mars 1869.

[4] Isaac-Adolphe. Né à Nîmes. Avocat. Mort à Passy, près Paris, en février 1880.

[5] Dominique-François. Né à Estagel (Pyrénées-Orientales). Astronome. Mort en 1853.

LEDRU-ROLLIN [1].
GARNIER-PAGÈS [2].
MARIE [3].
ARMAND MARRAST [4]. } *Secrétaires.*
LOUIS BLANC [5]. }
FERD. FLOCON [6]. }
ALBERT [7]. }

Premier ministère :

DUPONT de l'Eure. *Président*, sans portefeuille.
LAMARTINE. *Affaires étrangères.*
CRÉMIEUX. *Justice.*
LEDRU-ROLLIN. *Intérieur.*
MICHEL GOUDCHAUX. *Finances* [8].
FR. ARAGO. *Marine.*
Général BEDEAU [9]. *Guerre.*
HIPP. CARNOT [10]. *Instruction publique et cultes.*
EUG. BETHMONT [11]. *Commerce.*
MARIE. *Travaux publics.*
Général CAVAIGNAC [12]. *Gouverneur de l'Algérie.*

---

1 Né à Paris. Avocat. Mort à Fontenay-aux-Roses en décembre 1874.

2 Né à Marseille. Avocat. Mort à Paris en juin 1841.

3 Alexandre-Thomas. Né à Auxerre. Avocat. Mort à Paris en avril 1870.

4 Né à St-Gaudens (Haute-Garonne). Journaliste. Mort à Paris en mars 1852.

5 Né à Madrid. Journaliste et historien. Mort en octobre 1882.

6 Né à Paris. Journaliste. Mort en mai 1866.

7 Alexandre Martin. Né à Bury (Oise). Journaliste. Mort en 1895. — Dans le numéro du *Moniteur universel* du 25 février, il est nommé AUBERT ; il devient « ALBERT, ouvrier » dans le numéro du 26. C'est sous ce nom qu'il resta désigné.

8 Michel. Né à Paris. Mort en décembre 1862.

9 Alphonse. Né à Vertou, près de Nantes. Exilé en 1852. Mort le 28 octobre 1863.

10 Lazare-Hippolyte. Né à Saint-Omer. Jurisconsulte. Deuxième fils du conventionnel. Mort à Paris en 1888.

11 Avocat. Né à Paris. Mort en 1860.

12 Louis-Eugène. Né à Paris. Mort au Mans en octobre 1857.

GARNIER-PAGÈS. *Maire de Paris.*
GUINARD. *Adjoint* [1].
A. RECURT [2]. *Adjoint.*

L'*Assemblée nationale* ouvre ses séances le 4 mai. Le gouvernement provisoire résigne ses pouvoirs le 6. Il est remplacé par une *Commission exécutive*, composée de cinq membres :

ARAGO.
GARNIER-PAGÈS.
MARIE.
LAMARTINE.
LEDRU-ROLLIN.

Insurrection des 23, 24, 25 et 26 juin. Le 28, l'Assemblée nomme CHEF DU POUVOIR EXÉCUTIF

LE GÉNÉRAL CAVAIGNAC.

La *constitution de 1848*, promulguée le 12 novembre, établit la république « démocratique, une et indivisible [3] », avec un président élu par le suffrage universel pour quatre ans, et rééligible seulement après un intervalle de quatre années [4]. Le pouvoir législatif appartient à une assemblée de 750 membres, élus pour trois ans par le *suffrage universel* [5]. *L'égalité de tous les cultes est proclamée* [6].

---

[1] Auguste-Joseph. Politicien. Né à Paris. Mort en juin 1874.

[2] Médecin. Né à Lassalles (Hautes-Pyrénées). Mort le 7 novembre 1872.

[3] Article 2.

[4] ARTICLE 43. — Le peuple français délègue le pouvoir exécutif à un citoyen qui reçoit le titre de président de la république.

ART. 44. — Le président doit être né Français, âgé de trente ans au moins, et n'avoir jamais perdu la qualité de Français.

ART. 45. — Le président de la république est élu pour quatre ans, et n'est rééligible qu'après un intervalle de quatre années.

[5] La *loi électorale*, revisée par l'Assemblée législative et votée le 31 mai 1850, supprima le *suffrage universel*. Elle raya trois millions d'électeurs en exigeant d'eux trois ans de domicile dans la commune et l'inscription sur les rôles de la contribution personnelle.

[6] Article 7.

Président de la République :

Élu le 10 décembre [1] par 5.400.000 [2] suffrages sur 7.000.000 de votants :

Louis-Napoléon Bonaparte.

Il est nommé *président pour dix ans* le 31 décembre 1851 [3], titre qu'il change, le 2 décembre 1852 [4], contre celui d'empereur.

XI

SECOND EMPIRE

Du 2 décembre 1852 au 4 septembre 1870.

Le droit de succession au trône impérial avait été réglé par la loi du 28 floréal an XII et par celle du 5 frimaire an XIII. A défaut de descendants directs de l'empereur, elles attribuaient l'hérédité aux fils de Joseph, puis à ceux de Louis, à l'exclusion de ceux de Lucien [5]. Le duc de Reichstadt (Napoléon II) étant mort en 1832 sans enfant,

[1] Il fut proclamé par l'Assemblée le 20 décembre. Voy. le *Moniteur* des 21 et 23 décembre 1848.

[2] Chiffre exact : 5.434. 520. — Le général Cavaignac obtint 1.448. 302 voix ; M. Ledru-Rollin, 371.431 ; M. Raspail, 36.920 ; M. de Lamartine, 17.900.

[3] Par 7.439.216 voix sur 8.116.773 votants. *Moniteur* du 1er janvier 1852.

[4] Le plébiscite du 22 décembre donna pour résultat : 7,824,189 oui, contre 253.145 non. *Moniteur* du 2 décembre 1852.

[5] Parce que, malgré son frère, il avait épousé, vers 1800, Alexandrine de Bleschamp, veuve d'un agent de change nommé Jouberthon.

et Joseph n'ayant eû que des filles, le droit à la couronne appartenait à Charles-Louis-Napoléon Bonaparte (NAPOLÉON III), fils de Louis [1].

La constitution de 1852, soumise à la sanction du peuple, fut acceptée par 7.449.000 *oui* contre 646.000 *non*.

Elle centralisait l'autorité entre les mains de l'empereur, seul responsable. Le suffrage universel était rétabli. Le pouvoir législatif se partageait entre un *Conseil d'État* nommé par le souverain, un *Corps législatif* élu pour six ans, et un *Sénat* composé de cent cinquante membres nommés à vie par l'empereur.

XL. — NAPOLÉON III

Charles-Louis-Napoléon Bonaparte, fils de Louis Bonaparte, roi de Hollande, et de Hortense de Beauharnais.

Né, au palais des Tuileries [2], le 20 avril 1808.

Baptisé, au château de Fontainebleau, le 10 novembre [3].

Il tente de s'emparer du pouvoir à Strasbourg en 1836 et à Boulogne en 1840.

Validé comme représentant du peuple le 13 juin 1848.

Président de la république le 10 décembre 1848.

Président pour dix ans le 31 décembre 1851.

---

[1] Voy. le tableau nº 4.

[2] M. Émile Ollivier le fait naître rue Cerutti, nom que portait alors la rue Laffitte. La reine Hortense y eut un hôtel au numéro sept.

[3] Il eut pour parrain Napoléon Ier et pour marraine l'impératrice Marie-Louise.

Empereur le 2 décembre 1852 [1].

Déclaré déchu le 4 septembre 1870 [2].

Mort d'une affection de la vessie, à Chislehurst, en Angleterre, le 9 janvier 1873 [3].

Femme :

Marie-*Eugénie* DE MONTIJO de Gusman, comtesse de Teba. — Née à Grenade (Espagne) le 5 mai 1826. — Mariée le 29 janvier 1853. — Régente le 23 juillet 1870.

---

1 « Article I. — La dignité impériale est rétablie. Louis-Napoléon Bonaparte est empereur sous le nom de Napoléon III.

Article II. — La dignité impériale est héréditaire dans la descendance directe et légitime de Louis-Napoléon Bonaparte, de mâle en mâle, par ordre de primogéniture, et à l'exclusion perpétuelle des femmes et de leur descendance....

Article VIII. — La proposition suivante sera présentée à l'acceptation du peuple français : « Le peuple veut le rétablissement de la dignité impériale dans la personne de Louis-Napoléon Bonaparte, avec hérédité dans sa descendance directe, légitime ou adoptive, et lui donne le droit de régler l'ordre de succession au trône dans la famille Bonaparte ». (*Sénatus-consulte du 7 novembre 1852,* adopté par 86 voix sur 87 votants).

Le résultat de ce vote fut le plébiscite des 21 et 22 novembre, qui fournit les chiffres suivants :

7.824.189 bulletins portant le mot *oui*.
253.145 bulletins portant le mot *non*.
63.326 bulletins nuls.

Le dépouillement complet du scrutin fut terminé seulement le 1er décembre, et le lendemain, le sénat, le corps législatif et le conseil d'Etat se rendaient à Saint-Cloud pour proclamer empereur le nouvel élu.

2 En ces termes : « Attendu que la patrie est en danger ; attendu que tout le temps nécessaire a été donné à la représentation nationale pour prononcer la déchéance ; attendu que nous sommes et que nous constituons le pouvoir régulier issu du suffrage universel libre : nous déclarons que Louis-Napoléon Bonaparte et sa dynastie ont à jamais cessé de régner sur la France ». (*Paroles de L. Gambetta dans la deuxième séance du 4 septembre 1870.*)

3 Le 22 janvier 1852, il créa une *médaille militaire* destinée à l'armée.

Comme son oncle, il adopta pour sa livrée la couleur verte.

Enfant :

Eugène-Louis-Jean-Joseph-NAPOLÉON BONAPARTE. — Né à Paris le 16 mars 1856. — Tué en Afrique par les Zoulous le 1er juin 1879.

Ce prince étant décédé sans postérité, le droit de succession au trône impérial appartient aujourd'hui à :

Victor-Jérôme-Frédéric-NAPOLÉON, fils de Napoléon-Joseph-Charles-Paul Bonaparte, et de *Clotilde*-Marie-Thérèse-Louise, fille de Victor-Emmanuel, roi d'Italie. — Né à Paris le 11 juillet 1862.

XII

TROISIÈME RÉPUBLIQUE

Proclamée par le peuple le 4 septembre 1870, et reconnue [1] par l'Assemblée nationale le 25 février 1875.

Gouvernement de la défense nationale :

« Nommé d'acclamation » le 4 septembre 1870.

Général TROCHU [2], président.

---

[1] Cette reconnaissance tacite se manifesta seulement par les mots : « Le président de la république est élu à la majorité... » qui servent de début à l'article 2 de la constitution de 1875. Ces mots représentaient un amendement proposé par M. H. Wallon, et qui fut voté, à une voix de majorité (353 contre 352) dans la séance du 29 janvier.

[2] Louis-Jules. Né à Belle-Isle en mer (Morbihan). Mort à Tours en 1896.

Emmanuel ARAGO [1].
Adolphe CRÉMIEUX.
Jules FAVRE [2].
Jules Ferry [3].
Léon GAMBETTA [4].
GARNIER-PAGÈS.
GLAIS-BIZOUIN [5].
Eugène PELLETAN [6].
Ernest PICARD [7].
Henri ROCHEFORT [8].
Jules SIMON [9].

Premier ministère :

Formé le 4 septembre.

Jules FAVRE. *Affaires étrangères.*
Léon GAMBETTA. *Intérieur.*
Général LEFLÔ. *Guerre* [10].
Amiral FOURICHON. *Marine* [11].
Ad. CRÉMIEUX. *Justice.*
Ernest PICARD. *Finances.*
Jules SIMON. *Instruction publique et cultes.*
P.-F. DORIAN [12]. *Travaux publics.*

---

[1] Né à Paris. Sénateur en 1880. Mort en 1896.
[2] Né à Lyon. Avocat. Mort en janvier 1880.
[3] Né à Saint-Dié (Vosges). Journaliste. Mort en mars 1893.
[4] Né à Cahors, Avocat. Mort à Ville-d'Avray en décembre 1882.
[5] Né à Quintin (Côtes-du-Nord). Mort à Lamballe en novembre 1877.
[6] Né à Saint-Palais (Charente-Inférieure). Journaliste. Mort à Paris en décembre 1884.
[7] Né à Paris. Avocat. Mort à Vitry-le-François en mai 1877.
[8] Né à Paris. Journaliste.
[9] Jules-François Suisse, dit Jules Simon. Né à Lorient. Mort en 1896.
[10] Charles. Né à Lesneven, dans le Finistère. Mort en novembre 1887.
[11] Martin. Né à Viviers (Dordogne). Mort à Paris en novembre 1884.
[12] Né à Montbéliard. Industriel. Mort à Paris en avril 1873.

Étienne ARAGO [1]. *Maire de Paris.*
Charles FLOQUET [2]. *Adjoint.*
Eug. BRISSON [3]. *Adjoint.*
A. de KÉRATRY [4]. *Préfet de police.*

Délégation de Tours :

Instituée le 12 septembre.

A. CRÉMIEUX.
GLAIS-BIZOUIN.
Amiral FOURICHON [5].
LÉON GAMBETTA y fut adjoint le 8 octobre [6].

L'Assemblée nationale élue se réunit à Bordeaux le 12 février 1871. Le gouvernement de la Défense nationale dépose ses pouvoirs le 13 février. Le 16, M. Jules Grévy est élu *président de l'Assemblée nationale.*

M. A. Thiers est élu, le 17, *chef du pouvoir exécutif.*

Le 31 août, l'Assemblée nationale se reconnaît le pouvoir constituant, et, sans proclamer la république comme forme définitive du gouvernement [7], élit un *président de la république.*

Enfin, la *constitution du 25 février 1875* institue un PRÉSIDENT DE LA RÉPUBLIQUE [8], qui devra être élu, à la majorité absolue des suffrages, par le sénat et la cham-

---

1 Né à Perpignan. Auteur dramatique. Mort en 1892.
2 Né à Saint-Jean-de-Luz (Basses-Pyrénées). Journaliste. Mort à Paris en 1896.
3 Né à Bourges. Journaliste.
4 Né à Paris. Officier.
5 *Journal officiel* des 13 et 17 septembre.
6 *Journal officiel* du 8 octobre.
7 L'article 1er du décret du 31 août 1871 est ainsi conçu : « Le chef du pouvoir exécutif prendra le titre de président de la république française. Il continuera d'exercer, sous l'autorité de l'Assemblée nationale, les fonctions qui lui ont été déléguées par le décret du 17 février 1871 ». Cet article fut adopté par 533 voix contre 68.
8 Voy. ci-dessus p. 122.

bre des députés réunis en congrès dans la ville de Versailles. Le président sera élu pour sept ans et rééligible [1].

Présidents de la république :

Louis-*Adolphe* Thiers. Né à Marseille le 16 avril 1797.
Élu le 31 août 1871 [2].
Démissionnaire le 24 mai 1873.
Mort à Saint-Germain-en-Laye le 5 septembre 1877.

Marie-Edme-Patrice-*Maurice* de Mac-Mahon, duc de Magenta.
Né à Sully (Saône-et-Loire) le 13 juillet 1808.
Maréchal de France en juin 1859.
Élu le 24 mai 1873 [3].
Démissionnaire le 30 janvier 1879.
Mort le 17 octobre 1893.
Enterré aux Invalides.

François-Paul-*Jules* Grévy. Né à Mont-sous-Vaudrey (Jura) le 15 août 1813.
Élu le 30 janvier 1879 [4].
Réélu le 28 décembre 1885 [5].
Démissionnaire le 2 décembre 1887.
Mort le 9 septembre 1891.

Marie-François-*Sadi* Carnot. Né à Limoges le 11 août 1837.
Élu le 3 décembre 1887 [6].
Assassiné à Lyon le 24 juin 1894.
Enterré au Panthéon.

---

1 Article 2.
2 Par 533 voix sur 601 votants.
3 Par 390 voix sur 392 votants. Toute la gauche s'abstint.
4 Par 563 voix sur 713 votants.
5 Par 457 voix sur 589 votants.
6 Par 616 voix sur 827 votants.

Jean-Paul-Pierre Périer, dit CASIMIR-PÉRIER [1]. Né à Paris le 8 novembre 1847.
Élu le 27 juin 1894 [2].
Démissionnaire le 15 janvier 1895.

François-*Félix* FAURE. Né à Paris le 30 janvier 1841.
Élu le 17 janvier 1895 [3].
Mort à Paris le 16 février 1899.

Émile LOUBET. Né à Marsanne (Drôme), le 31 décembre 1838.
Avocat.
Élu le 18 février 1899 [4].

Armand FALLIÈRES. Né à Mezin (Lot-et-Garonne), le 6 novembre 1841.
Élu le 17 janvier 1906 [6].

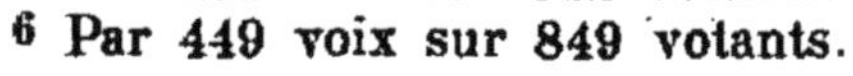

1 Autorisé, en 1874, à modifier ainsi son nom patronymique.
2 Par 451 voix sur 845 votants.
3 Par 430 voix sur 800 votants.
4 Par 483 voix sur 812 votants.
6 Par 449 voix sur 849 votants.

BIBLIOTHÈQUE NATIONALE R.F. IMPRIMÉS

TABLE ALPHABÉTIQUE

J'espère que l'on me saura gré d'avoir donné à cette table tout le développement possible. Je m'y suis préoccupé aussi de faciliter la lecture des nombreux mémoires relatifs à notre histoire. Ainsi, l'on y trouvera, classés alphabétiquement, les surnoms qu'ont portés certains personnages, et sous lesquels leurs contemporains les ont presque toujours désignés. Je citerai comme exemples :

Monseigneur. — *Le grand Dauphin*, etc.
Palatine (la princesse).
Madame royale, etc.
Mademoiselle de Blois. — *Mademoiselle de Montpensier*. — *Mademoiselle de Chartres*, etc.
Bâtard de Bourbon (le). — *Bâtard d'Orléans (le)*, etc.
Chevalier d'Angoulême (le). — *Chevalier de Vendôme (le)*, etc.
Fort (Robert le). — *Pacifique* (*Conrad le*), etc.

Quant aux grands seigneurs désignés souvent par leur titre seul : *duc d'Anjou*, *duc de Bourgogne*, *comtes d'Artois*, etc., des listes chronologiques, placées aux mots *Anjou*, *Bourgogne*, *Artois*, etc., permettront d'identifier ceux d'entre eux qui figurent dans ce petit volume.

Les noms imprimés en PETITES CAPITALES désignent les rois de France.

A

B

C

D

G

I

J

K

L

M

N

O

Q

R

S

T

U

V

DU MÊME AUTEUR:

HISTOIRE DE LA BIBLIOTHÈQUE MAZARINE

Par ALFRED FRANKLIN administrateur de ladite

DEUXIÈME ÉDITION entièrement refondue

Un vol. grand in-8, avec 60 gravures. 1901. Prix 18 fr.

La 1re édition parut en un modeste petit volume en 1860. Elle était depuis longtemps épuisée. Depuis quarante ans, l'auteur n'avait cessé de compléter cette œuvre de jeunesse; il l'a republiée maintenant sous la forme d'un beau volume in-8 augmenté de nombreuses illustrations, de commentaires, marques typographiques, *ex libris*, vues, etc. Ce volume s'annexe au *Catalogue des Incunables de la bibliothèque Mazarine*, édité par notre librairie.

CATALOGUE DES INCUNABLES DE LA BIBLIOTHÈQUE MAZARINE

Par MM. Paul MARAIS et A. DUFRESNE DE SAINT-LÉON

Deuxième édition, augmentée d'un supplément, d'une nouvelle table alphabétique, d'une table des villes, d'une table des imprimeurs et d'un addenda et corrigenda.

Un beau vol. in-8 jésus, de VIII-296 pages. 1888. Prix 40 fr.

Le Trésor de Chronologie, d'Histoire et de Géographie Par Le comte MAS-LATRIE

Pour l'étude et l'emploi des documents du moyen âge

Un fort volume grand in-fol. 1889 .... **100** fr.
Relié en demi-chagrin.............................. **112** fr.

GALLIA CHRISTIANA

In provincias ecclesiasticas distributa, in qua series et historia archiepiscoporum, episcoporum et abbatum regionum omnium quas vetus Gallia complectebatur ab origine Ecclesiarum ad nostra tempora deducitur, et probatur ex authenticis Instrumentis ad calcem appositis. Opera et studio Monachorum Congregationis S. Mauri, Ordinis S. Benedicti. Editio iterata ad editionis principis exemplum.

Les tomes 6, 7, 8, 9, 10 et 12 pris ensemble seront livrés aux souscripteurs, brochés, au lieu de 450 fr. pour **net**.. **270** fr.
La collect. compl. 16 vol. in-fol., au lieu de 1.112 fr. 50 **750** fr.

Sacrorum Conciliorum Nova et Amplissima Collectio Par (J.-D.) MANSI

Nouvelle édition, avec continuation jusqu'à nos jours, additions et tables générales. 50 vol. in-fol................. **3.000** fr.
Nous enverrons sur demande le prospectus détaillé de la collection des conciles. 39 vol. ont déjà paru (Décembre 1903).

ORDONNANCES DES ROIS DE FRANCE de la troisième race

recueillies par ordre chronologique.

Les très rares tomes, 16, 17, 18 et 19. 4 vol. in-fol. Paris, Imprimerie royale, 1814-1835 **net** .... **250** fr.
Les mêmes sur grand papier **net**................ **350** fr.
Les tomes 17, 18 et 19 séparément (nous ne possédons que deux exemplaires de ces tomes). Chaque volume **net** ..... **75** fr.

REVUE ARCHÉOLOGIQUE ou Recueil

de documents et mémoires relatifs à l'étude des monuments et à la philologie de l'antiquité et du moyen âge. 1re série complète. 16 années en 32 vol. semestriels. In-8, avec 388 planches. Paris, 1844-1859. (400 fr.). **Net** .... **180** fr.

Revue des Questions Historiques Prix de la

collection : de 1866 à 1888, avec tables (2 vol.) des tomes 1 à 40, soit 46 vol. (460 fr.)................................ **200** fr.
Chacune des années suivantes, **net**.............. **30** fr.

Recueil des Historiens des Gaules et de la France

23 vol. in-fol. 1867-1895 (1550 fr.). **Net** .... **750** fr.
Reliure en sus : en toile, **5** fr. **net** par vol., en d.-chagrin, plats en toile ou en basane pleine **10** fr. **net** par vol.

LES GRANDES CRONIQUES DE BRETAIGNE par Alain BOUCHART

Composées en 1514. Nouvelle édition, publiée sous les auspices de la Société des Bibliophiles Bretons, par H. Le Meignien. 1 vol. en 4 part. in-4, d'ensemble 728 pages, sur papier vergé, avec lettres ornées, ornements et reproduction des bois de l'édition originale, **laquelle vaut 2.000 fr. dans le commerce**. Rennes, 1886 (Publié à 40 fr.)

Vendu **net**.. **30** fr.

Quelques exemplaires sur grand Hollande:

Au lieu de 80 fr., **net** .... **60** fr.

500 fr. NET, au lieu de 1.075 francs

HISTOIRE LITTÉRAIRE DE LA FRANCE

TRENTE VOLUMES IN-4° *Tomes I à XVI et Table édités par Palmé, XVII à XXIX édités par Welter.*

Nous vendons séparément:

Les tomes XVII à XXIX (Éd. Welter) 650 fr. pour **net** **325** fr.
Chacun des tomes I à XXIX, *séparément* .... **50** fr.
Les tomes XXX à XXXII sont la propriété de l'Institut de France. Je les vends actuellement, pris ensemble .... **150** fr.

175 fr. Net, au lieu de 352 fr. 50

Trésor des Livres rares et curieux ou Nouveau Dictionnaire Bibliographique

Par GRÆSSE — *HUIT VOLUMES IN-4° 1859 × 1867. Réimpression. Paris, Welter. 1900-1901*

L'ouvrage de Græsse, basé sur le Manuel de Brunet qui s'y trouve pour ainsi dire reproduit entièrement, est, pour les littératures germaniques, anglo-saxonnes, slaves, orientales et classiques, infiniment plus complet que Brunet, et même *à côté* du Manuel, le **Trésor** figurera avec honneur dans toute bibliothèque.

Chants et Chansons populaires du Languedoc

RECUEILLIS ET PUBLIÉS AVEC LA MUSIQUE NOTÉE ET LA TRADUCTION FRANÇAISE

Par **Louis LAMBERT**, directeur du Conservatoire de musique de Montpellier, Membre du Conseil d'administration de la Société pour l'étude des langues romanes

Deux beaux vol. in-8. Tome I, XI-385 p.; tome II, 345 pages
Se vendant ensemble seulement.......... Prix **20** fr.

CHRESTOMATHIE DE L'ANCIEN FRANÇAIS

(IXe-XVe SIÈCLES) *Précédée d'un tableau sommaire de la littérature française au moyen âge. Suivie d'un Glossaire étymologique détaillé*

OUVRAGE COURONNÉ PAR L'ACADÉMIE FRANÇAISE — TROISIÈME ÉDITION **soigneusement revue**

Par **L. CONSTANS**, Professeur à l'Université d'Aix-Marseille

Un vol. grand in-8 à 2 et à 3 colonnes...... Prix **7** fr. **50**

ÉTUDES sur la VIE de CHRISTOPHE COLOMB avant sa Découverte

Par **M. HENRY VIGNAUD**

Premier Secrétaire de l'Ambassade des États-Unis d'Amérique

Un beau vol. in-8. Prix: sur papier vélin anglais, **10** fr.; sur papier de Hollande, **20** fr.; sur Japon, **30** fr.

VIENT DE PARAITRE

DICTIONNAIRE
HISTORIQUE
DES ARTS, MÉTIERS
ET PROFESSIONS
EXERCÉS DANS PARIS

DEPUIS LE TREIZIÈME SIÈCLE

PAR

ALFRED FRANKLIN

ADMINISTRATEUR DE LA BIBLIOTHÈQUE MAZARINE

AVEC UNE PRÉFACE DE M. E. LEVASSEUR, MEMBRE DE L'INSTITUT
ADMINISTRATEUR DU COLLÈGE DE FRANCE
ET PROFESSEUR AU CONSERVATOIRE NATIONAL DES ARTS ET MÉTIERS

PARIS
4, RUE BERNARD-PALISSY

1906

LEIPZIG
SALOMONSTRASSE, 16.

H. WELTER, ÉDITEUR
LIBRAIRIE UNIVERSITAIRE FRANÇAISE ET ÉTRANGÈRE

PRIX de l'OUVRAGE COMPLET formant un beau volume grand in-8 de XXVIII + 856 pages, 25 FRANCS

Il a été tiré 25 exemplaires sur papier de Hollande au prix de 50 francs

PARIS, IMP. L. DANEL

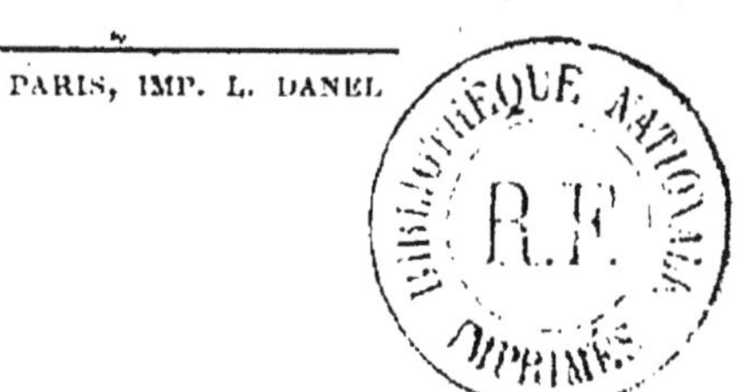

www.ingramcontent.com/pod-product-compliance
Ingram Content Group UK Ltd.
Pitfield, Milton Keynes, MK11 3LW, UK
UKHW020247250726
13967UKWH00004B/1549